パン

目次

05 第1話
その名はコウゾウ

25 第2話 柱と梁の設計
私が場当たり的ですって!?

51 第3話 耐力壁の設計
開放的な間取りもいいけれど…

91 第4話 床の設計
そして、チカラは壁に流れる

121 第5話 基礎の設計
答えは地盤だけが知っている

※本書は建築知識創刊60周年を記念し、ご好評いただいたエクスナレッジムック「ストーリーで面白いほど頭に入る木構造」（2012年1月刊）を加筆・修正のうえ、再編集したもの

編集協力 藤盛裕司（キャデック）
装丁 稲葉英樹、泉眞史（meu-jp）

第1話

その名はコウゾウ

あ〜〜
久々の地元だ〜
友香《ゆうか》が
迎えに来てる
はずだけど
どこかな？
タタン
タタン
ようこそ杉のまち
ガラララ
ス
失礼…
建築士の
木家組子《きのいえくみこ》先生
ですね
え？
私の家を一軒
設計していただき
たいのですが
ぬっ
うわあああ！
あははは
珈琲豆太

びっくりした？
びっくりしたわよ
しかし友香…この一発のために浜中湖までこれを買いに？
何に使えばいいのよ…
私も組子がこっちにUターン転職するって聞いたときはびっくりしたよ
カラン
あーね
木家組子《きのいえくみこ》
東京建築大学建築学科卒
二級建築士
大学卒業後は東京のインテリアデザイン事務所に勤務
しかし、不景気のあおりを受け、会社が倒産
両親の希望もあり、生まれ故郷大竜《だいりゅう》にある建築設計事務所に転職することになった
ちぅ～
同級生のみんなはどうしてる？
男は仕事で他県
女はほとんど結婚したよ
早い子は子供小学生だよ
ヒエ～～
これがウラシマ効果《エフェクト》か…
組子は東京で出会いは？

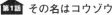

……そう
役に立ってるじゃない
そうだ！尾内《おうち》くんがこっちで働いてるよ
チータ？
知らなかった？
ガハハ
チータね 尾内達郎 小さい達郎でチータ
じゃあチータでいいから飲みにでも誘っておいてよ
オッケー
お迎えありがと
フ…組子、驚くだろうな
ブーン
大杉設計
大杉設
はじめまして木家組子と申します
パチ
パチ
パチ
パチ

東京でインテリアデザインの仕事をしていました。よろしくお願いします
パチ
パチ
ワー
すごーい
よろしくね〜
へへ〜
オシャレ〜
パチ
パチ
キレイ〜
パチ
東京だって
コポポポ
わが大竜は杉の町ですからな木造の立派な家にしてほしいんですわ
ガハハハ
ガハハハ
……
コポポポ
カタ
ひっ
緑茶
なに、今の…ネズミ？

どうしました？
い…いえ なんでも ないです
お茶 どうぞ
こちら 今日から 来てくれてる 木家さん
大竜出身 なんですよ
あ こりゃ どーも
木家です よろしく お願いします
こちら 施主の 山盛《やまもり》さんに 大工の 尾内さん
！
オウチ？
キノイエ？
あーっ チータ!! あんたなんで ここに？
おまえこそ、なんで ここにいるんだよ

おやおや おふたりは 知り合い でしたか
もう ガキの頃の 身長じゃ ないんだから いつまでも チータって 呼ぶなよ
友香め わざと ダマってたな
こんにちは 遅くなりました
のそ。。。
娘です
どーも 夏美です
どーも
正彦くんは？
マーくん、偉いから 配達行ったよ
よっしょ
いえね 私ではなく娘夫婦の 家を設計してもらおうと お願いに あがったのですよ
山盛《やまもり》忠志《ただし》 地元産大竜杉を こよなく愛す 有限会社山盛木材店 3代目社長

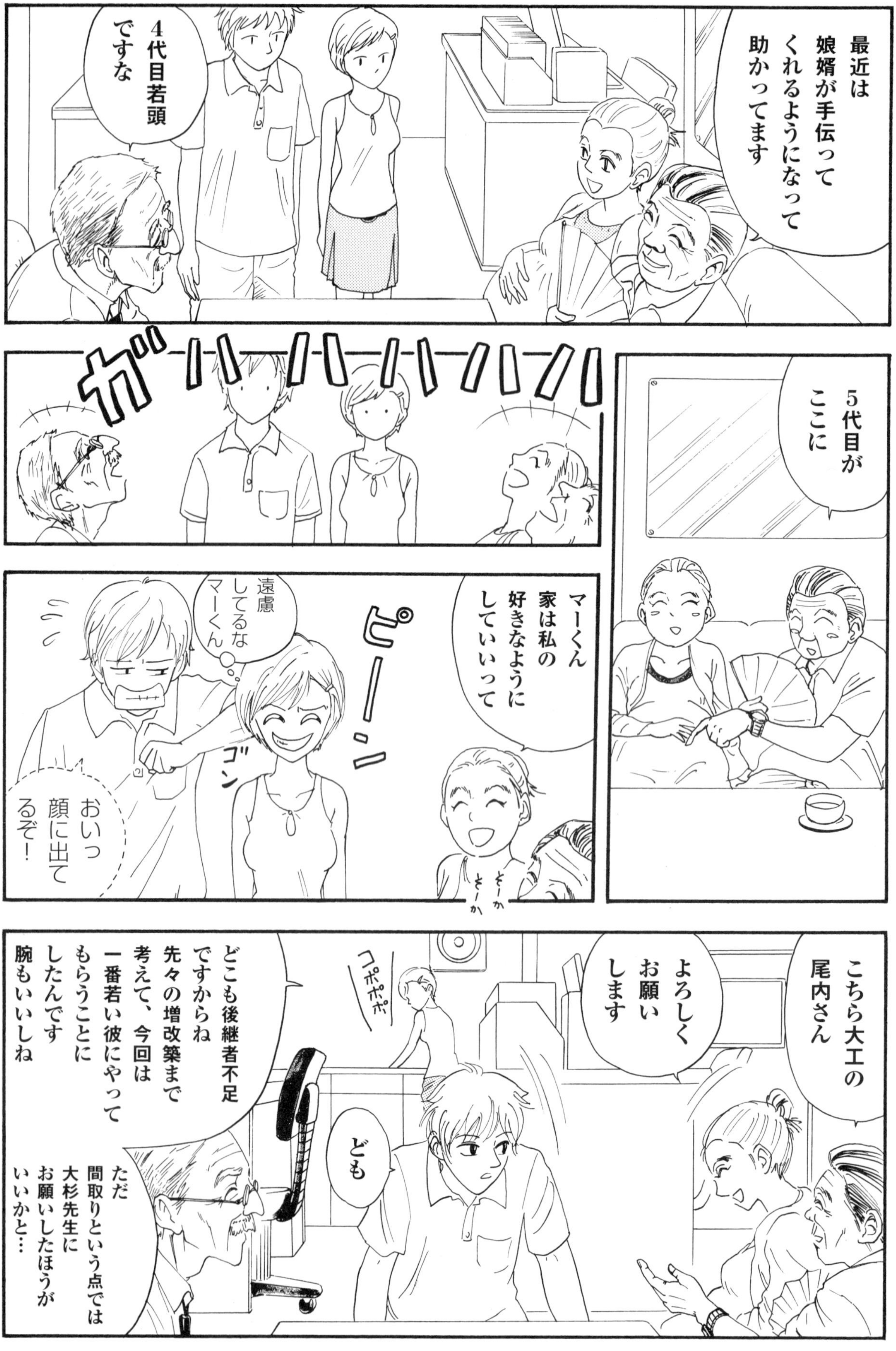
最近は娘婿が手伝ってくれるようになって助かってます
4代目若頭ですな
5代目がここに
ガハハハハハ
マーくん家は私の好きなようにしていいって
ピーーン
ゴン
遠慮してるなマーくん
おいっ顔に出てるぞ!
そーかそーか
こちら大工の尾内さん
よろしくお願いします
ども
コポポポ
どこも後継者不足ですからね先々の増改築まで考えて、今回は一番若い彼にやってもらうことにしたんです腕もいいしね
ただ間取りという点では大杉先生にお願いしたほうがいいかと…

さて、どんな家がいいですかね…
やはり周囲の景観に合わせて入母屋《いりもや》の和風の家がいいでしょう
え゛？、
フンフン
立派な客間もほしいところですな
そんな古くさい家イヤ〜〜〜〜っ
床の間はどうしますか？
フンフン
風呂場…
二階…
…さん木家さん
はいっ
ボー
木家さんって東京でインテリアデザイナーなさってたんですよね
なんとか話の方向を変えなきゃ…
今寝てなかったか？
ハイ

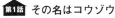

有名なショップとかも手掛けられたんですか？
青山の「ミ・セントマーレ」というカフェのインテリアをやったことがあります
すごーい！超オシャレで有名なカフェですよね
てことは木家さんにお願いするとあんな感じのお部屋ができたりするんですか？
もちろんできますよ
あたし木家さんに設計してもらいたい

はあ!?
へ?
だって木家さん建築士さんなんでしょ?
そうです… けど…
い…いや やはりここは経験豊富な大杉先生のほうが
大丈夫よ お父さん
無理だ…
こいつにいきなり一軒家の設計なんかできるわけがない
ムッ
なんですと?
こう見えても二級建築士の免許持ってるんですけど
二級ぐれえオレだって持ってるわい!

なによ！私はチータなんかよりずっといいセンスしてるんだから！
できますか？
しまった…でも、これは…ある意味チャンスだ
やります!!

パチ
パチ
パチ
パチ
パチ
ワー
パーン
イエーイ
パン
ワー
パン
では
お手並拝見と
いきますか
どうなっても
知らねぇぞ
キィ
オレは
忙しいから
もう行く
ご心配なく
私が責任をもって
サポートしますから
よろしく
お願いします
1カ月後
コチ…
コチ…
コチ…
コチ…

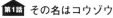

しまった
大見栄切ったけど本当は木造の設計なんてやったことないんだよなぁ
プランのOKは出たけど、構造をどう描いたらいいかまったくわからん…
ガタ…
先生、何時頃戻って来るんだろ
ちょっとでかけます(^▽^)/
聞きたいことがたくさんあるんだけど…
先生…
さっそくですが教えてください
まずは自分で限界までやってみましたか?
先生は私を育てるために厳しくしてくれてるんだ
たぶんね…
限界まで自分で頑張ろう
すでにちょっと限界だけど…
ペラペラ
トコトコ…
ム…
また ネズミ

どこかに穴でもあいてるのかな調べてみようかな
いや、今はそんなことしてる場合じゃない
パラララララ
あ~わからないこのピンチをどうやって切り抜けよう
お困りのようだね
そうなのよ
え?
ドズン
キャーーーッ!!
ガシャン
ななななんなの?あなた
オ…オバケ?
ス~タ

オイラの名前はコウゾウ
木構造《もくこうぞう》の悩みならオイラにまかせな
これはあれね ただの幻覚ね
チャカ チャカ
きっと寝不足がいけないいんだわ
オイ、それなんだ？
うまそうだな 金平糖《こんぺいとう》か？
ご当地
ハッカ美人
[清水緑茶味]
カテキン配
あ～ん
チャカ
それミントタブレットよ大丈夫？
ってか幻覚消えない
うっ
カリッ

うまいじゃないか！
また食わせてくれよ
私、今妖精見てるのかな…
ゴシ
うわっ なんだこの図面ダメダメじゃん
引くわ〜〜
ハハ〜ン これは夢ね！どうやら私寝ちゃったのね
ハァ…
ふ〜ん キミ、木構造に詳しいのじゃあ、どうダメなのか説明してもらおうじゃないの
よし、じゃあ試しにココにお前の設計した家を建ててみるぞ
1、2の…
ん？
3！
パッ
大丈夫？ヘトヘトじゃない
1、2、3っていうわりに
ゼェゼェ
ハァハァ
ヘンな夢

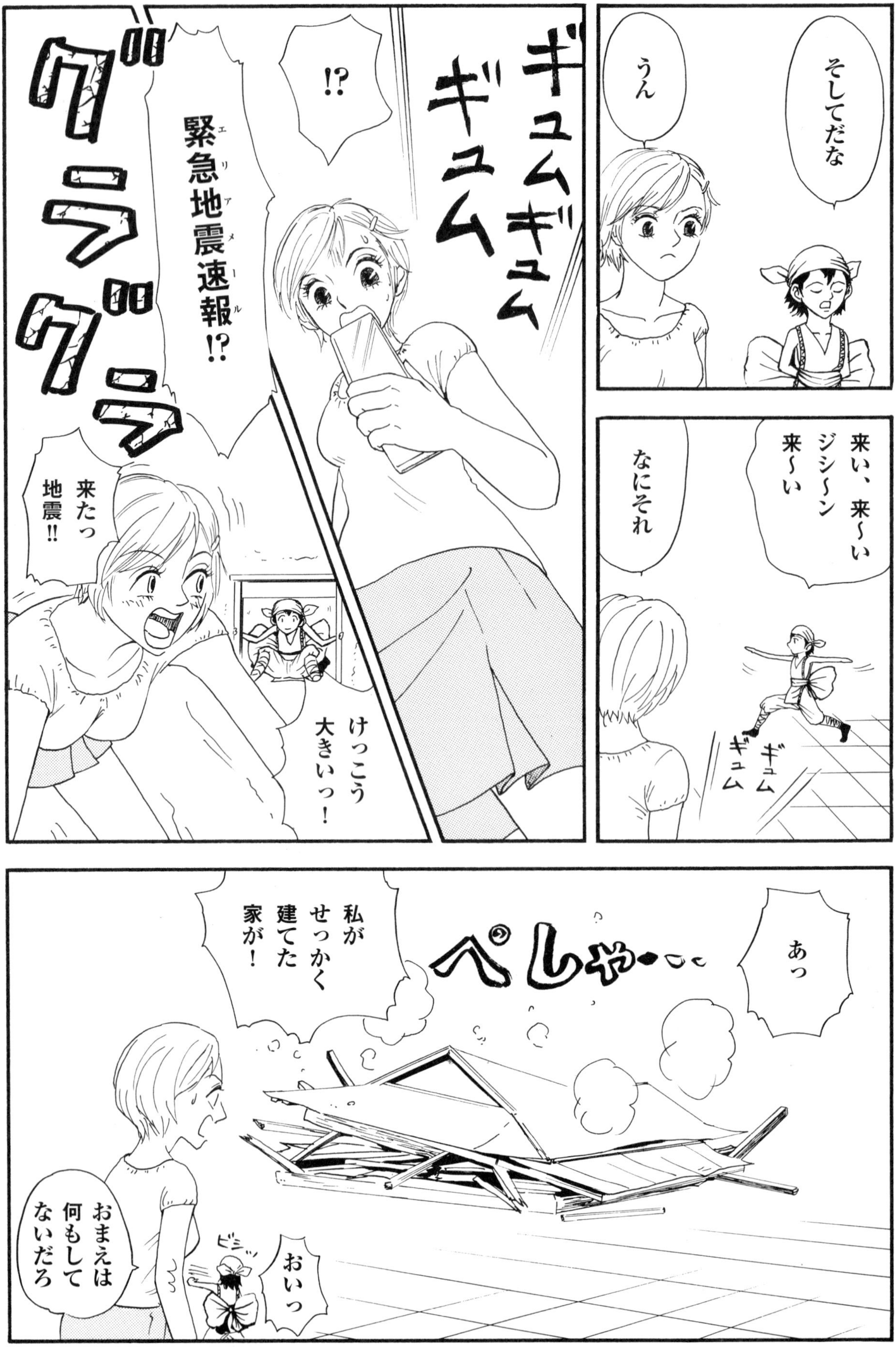
そしてだな
うん
来い、来〜い ジシ〜ン 来〜い
なにそれ
ギュム ギュム
ギュムギュム ギュムギュム ギュム
!?
緊急地震速報《エリアメール》!?
グラグラグラグラ
来たっ 地震!!
けっこう大きいっ!
あっ
ぺしゃ…
私が せっかく 建てた 家が!
おいっ
ビシッ
おまえは 何もして ないだろ

どーしてくれるのよ！
そりゃこっちのセリフだー
おまえの設計のせいだよ！
……
コレ、見てみろ
通《とお》し柱《ばしら》が折れてるだろ？
通し柱
それだけじゃねえ
管柱《くだばしら》は梁から外れてるし
管柱
2階床梁《かいゆかばり》は重さを支えきれなくて折れてる
2階床梁
筋《すじ》かいは梁を押し出してしまってるし
筋かい
入れる場所もいいかげんだ
そもそも接合部《せつごうぶ》に何の指示もない
アリやホゾはオイラが気をきかせてつくってやったんだぞ
人が住んでなくてよかったなぁ、オイ
キミ…本当に建築に詳しかったのね

柱は鉛直《えんちょく》荷《か》重《じゅう》を支える
梁は荷重を柱へ伝える
鉛直荷重
梁
柱
そういう基本的なことすらわかってないようだな
どうしよう 私、何も知らないくせに設計できるなんて啖呵《たんか》切っちゃった
ガク
終わってるね
コウゾウ！ 私に木構造を教えて！
山盛さんに喜んでもらえる立派な家をつくりたいの もちろん地震が来ても安心な
いいぜ、組子
オイラにまかしとけ

第2話 柱と梁の設計

私が場当たり的ですって!?

では、あらためて組子が設計した家を検証してみようか
なぜ、中規模の地震であっけなく壊れてしまったのか――
その原因を見つけることが木構造を理解する近道だ

柱と梁の役割

今、組子が設計しているのはセットバックの家だな
部分的に2階が載るセットバックは、日本の典型的な家のかたちだ

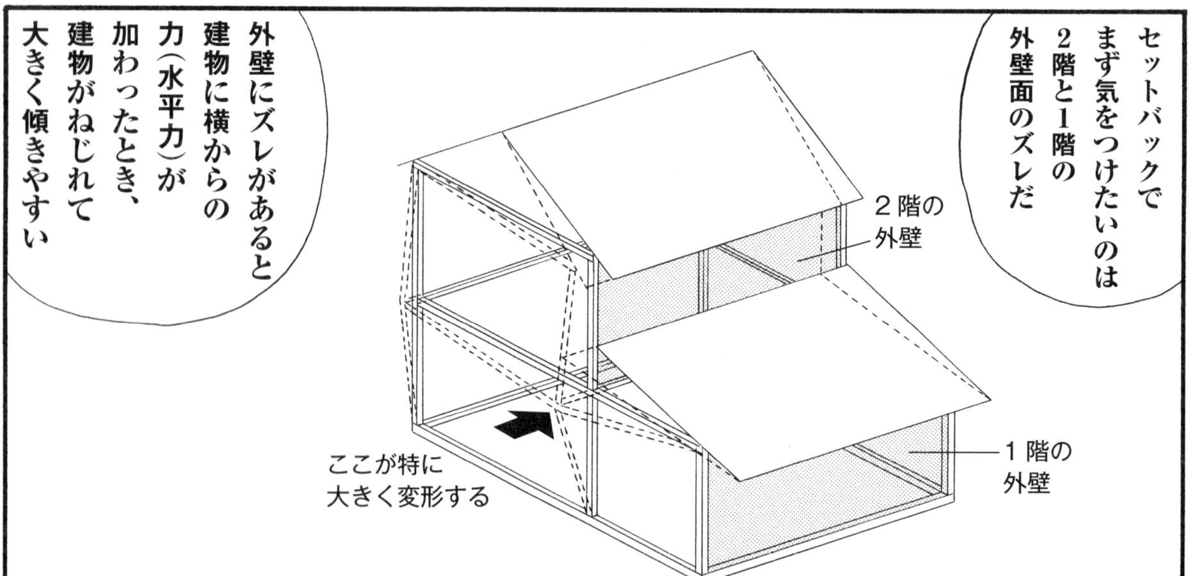
セットバックでまず気をつけたいのは2階と1階の外壁面のズレだ
外壁にズレがあると建物に横からの力(水平力)が加わったとき、建物がねじれて大きく傾きやすい
2階の外壁
1階の外壁
ここが特に大きく変形する

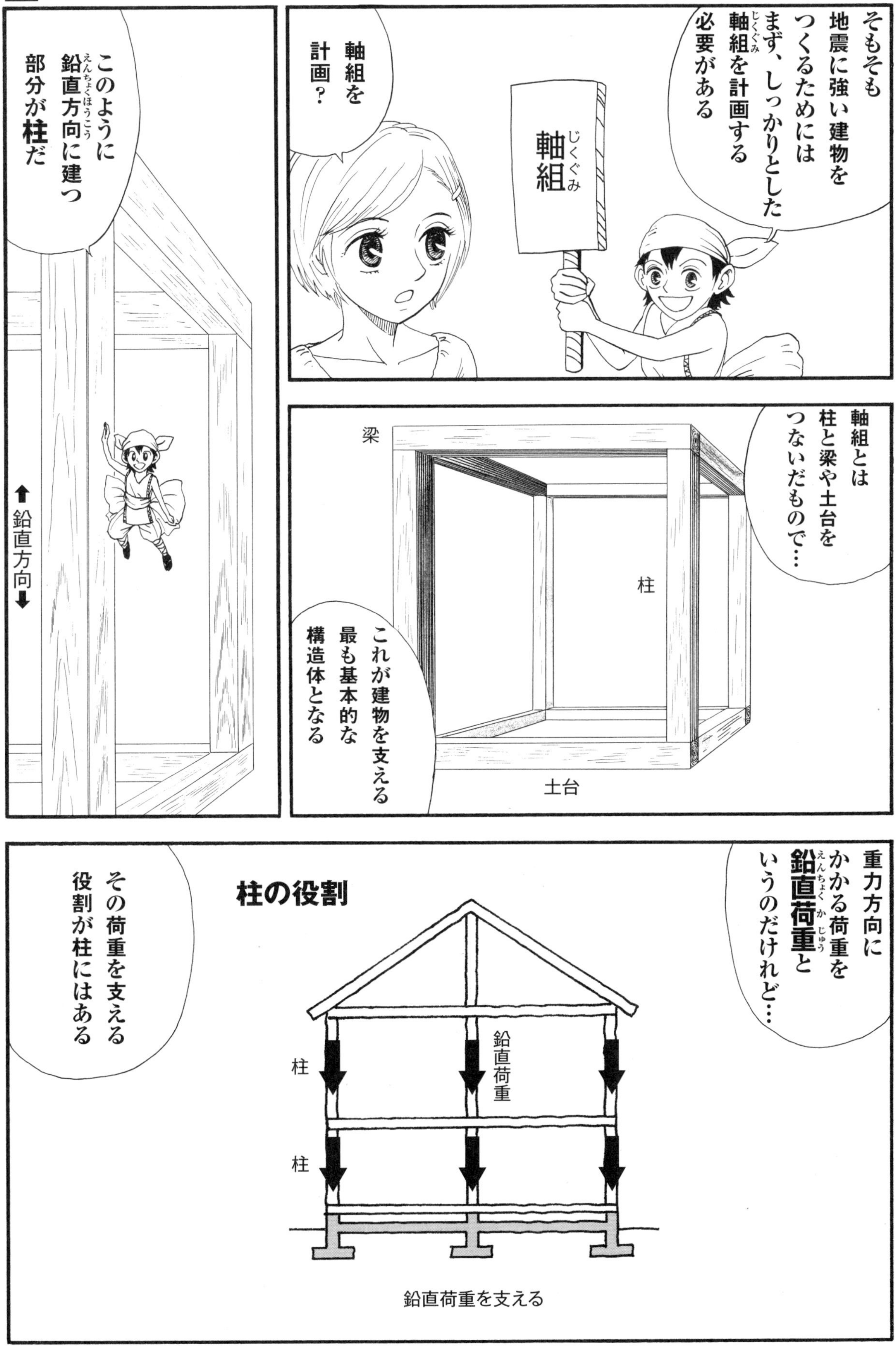
そもそも地震に強い建物をつくるためにはまず、しっかりとした軸組《じくぐみ》を計画する必要がある
軸組《じくぐみ》
軸組を計画？
軸組とは柱と梁や土台をつないだもので…
梁
柱
土台
これが建物を支える最も基本的な構造体となる
このように鉛直方向《えんちょくほうこう》に建つ部分が柱だ
⬆鉛直方向⬇
重力方向にかかる荷重を鉛直《えんちょく》荷《か》重《じゅう》というのだけれど…
柱の役割
柱
柱
鉛直荷重
鉛直荷重を支える
その荷重を支える役割が柱にはある

組子が設計した家はこの柱が細すぎたんだ
柱が細いと荷重がかかったときこんなふうに曲がってしまう
だから柱は太く
つまり断面寸法を適切なサイズにしておく必要がある
じゃあ全部の柱を極太にしちゃおうか
ダメダメ太い柱ばかりだと生活のジャマになるだろ
ぎゅ～～
たしかに…
柱の一般的な断面寸法は
3寸《すん》5分《ぶ》（１０５ミリ）
4寸（１２０ミリ）
たまに3寸（９０ミリ）だ

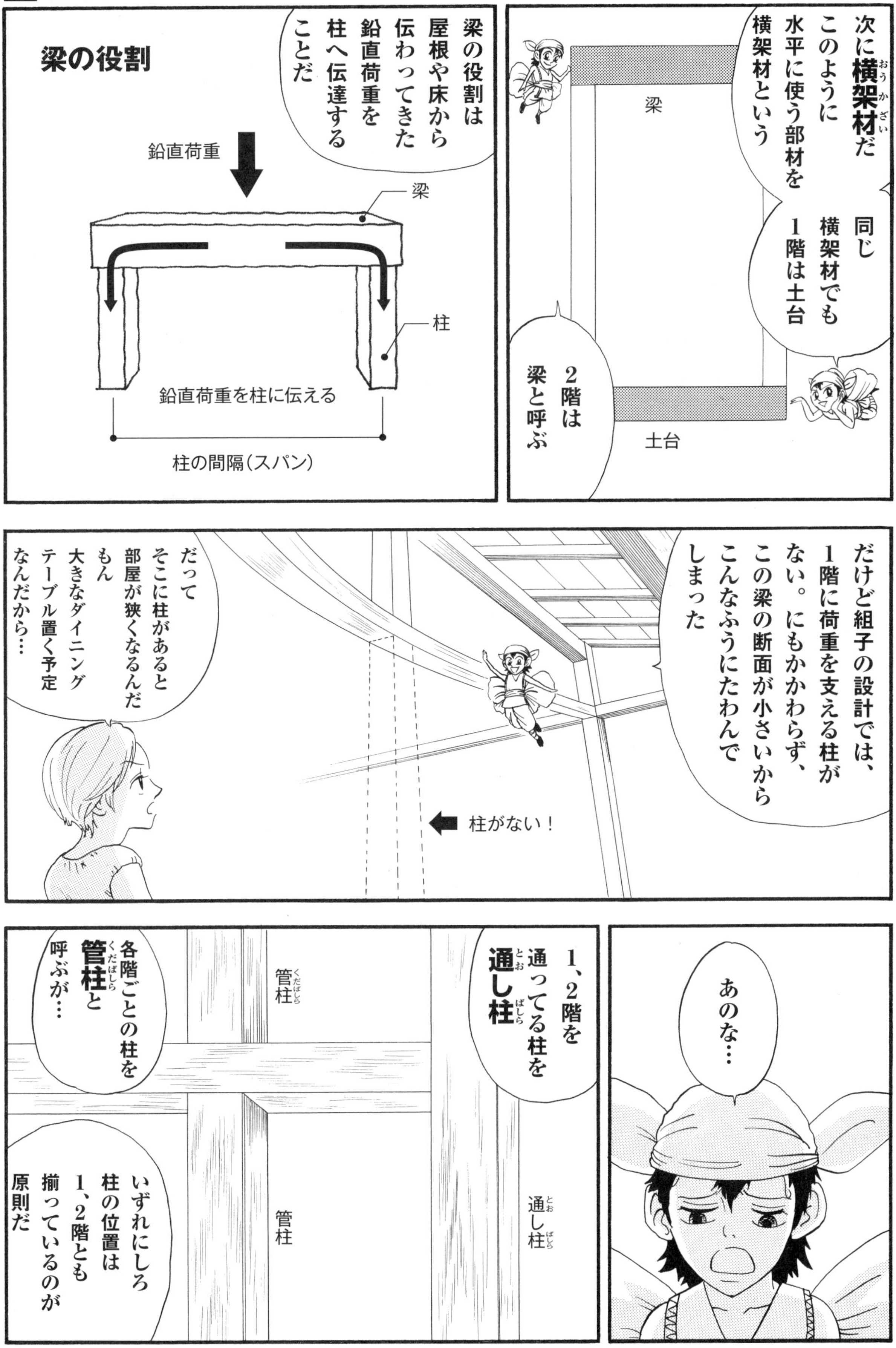
次に横架材《おうかざい》だ このように水平に使う部材を横架材という
梁
同じ横架材でも1階は土台
2階は梁と呼ぶ
土台
梁の役割
梁の役割は屋根や床から伝わってきた鉛直荷重を柱へ伝達することだ
鉛直荷重
梁
柱
鉛直荷重を柱に伝える
柱の間隔（スパン）
だけど組子の設計では、1階に荷重を支える柱がない。にもかかわらず、この梁の断面が小さいからこんなふうにたわんでしまった
柱がない！
だってそこに柱があると部屋が狭くなるんだもん 大きなダイニングテーブル置く予定なんだから…
あのな…
1、2階を通ってる柱を通《とお》し柱《ばしら》
管柱《くだばしら》
各階ごとの柱を管柱《くだばしら》と呼ぶが…
管柱
通《とお》し柱《ばしら》
いずれにしろ柱の位置は1、2階とも揃っているのが原則だ

組子みたいに
テーブルだの間取りだの
から考えていくと
全体的な架構《かこう》計画は
めちゃくちゃになる
そういうのを
場当たり的な軸組
というんだ

場当たり的な軸組

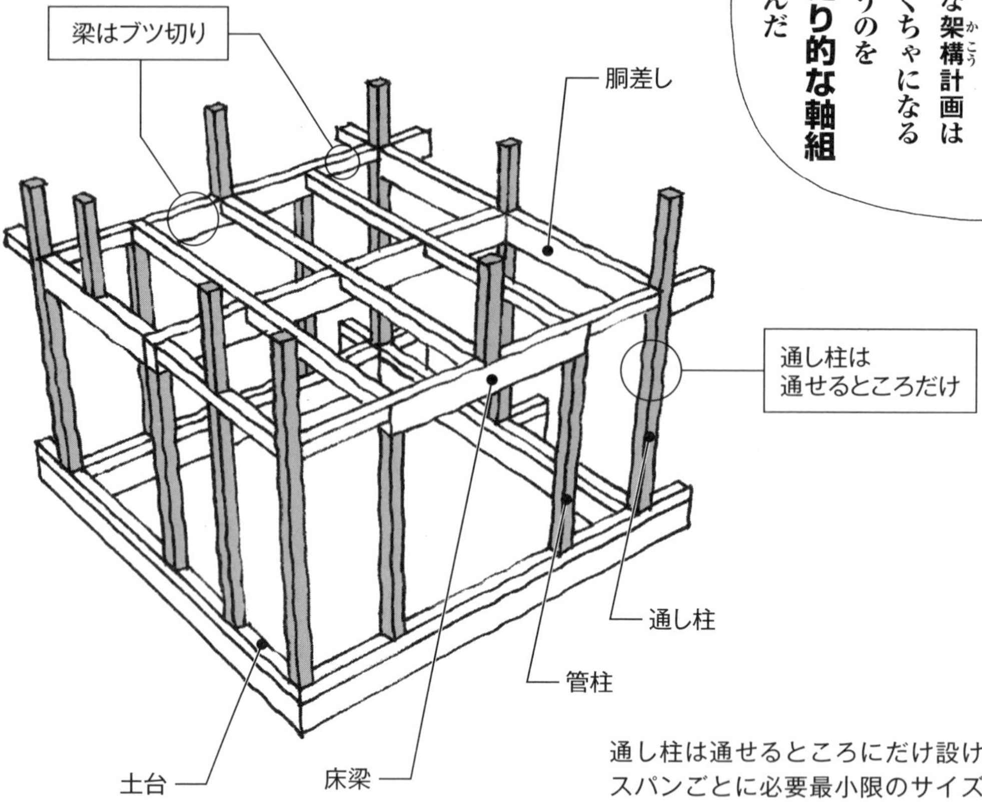

通し柱は通せるところにだけ設け、梁はスパンごとに必要最小限のサイズでブツブツと切っていく軸組。残念ながら現在の住宅で圧倒的に多い軸組がこれである

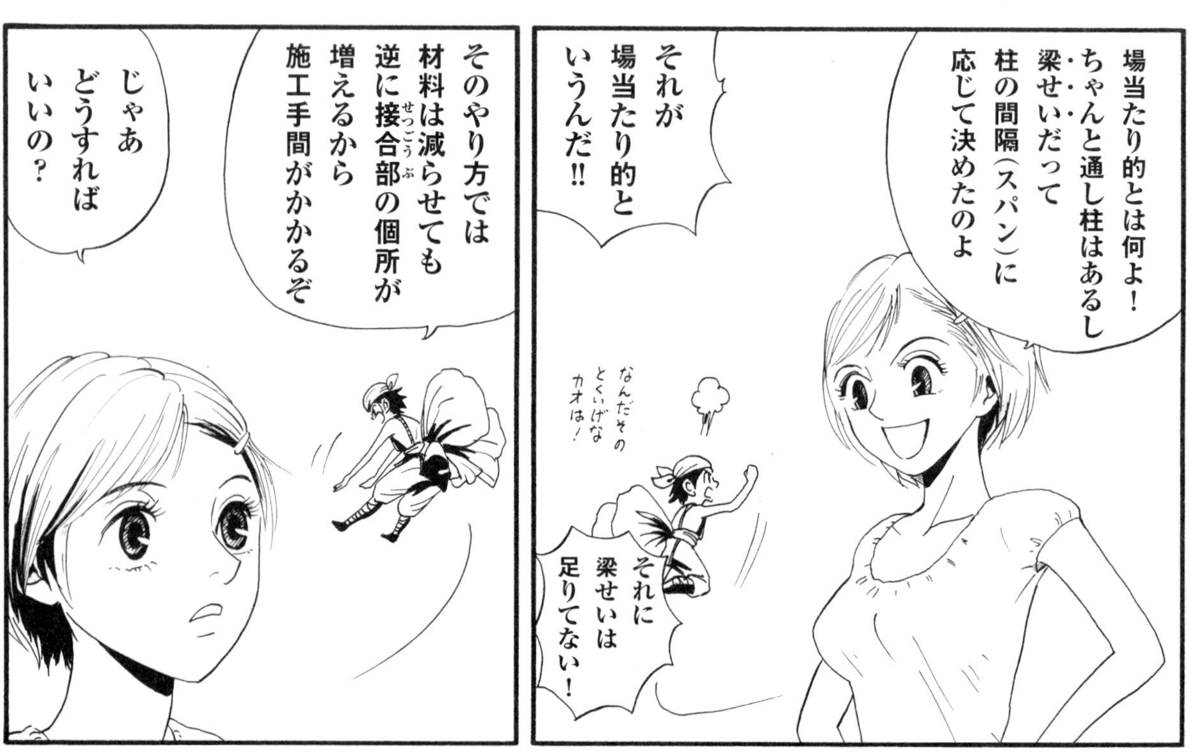

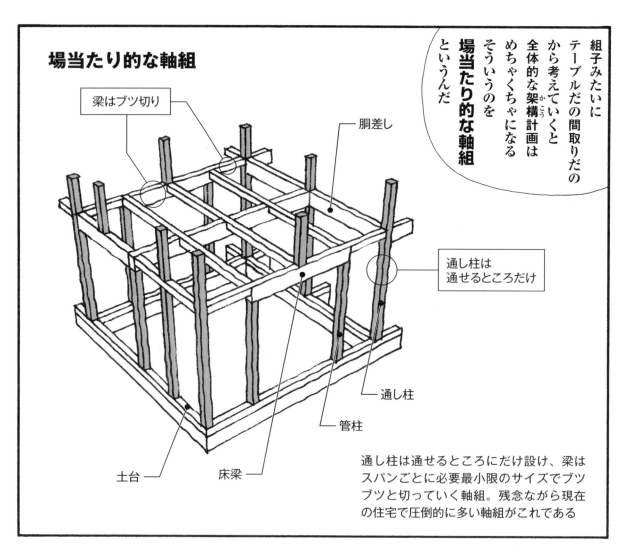

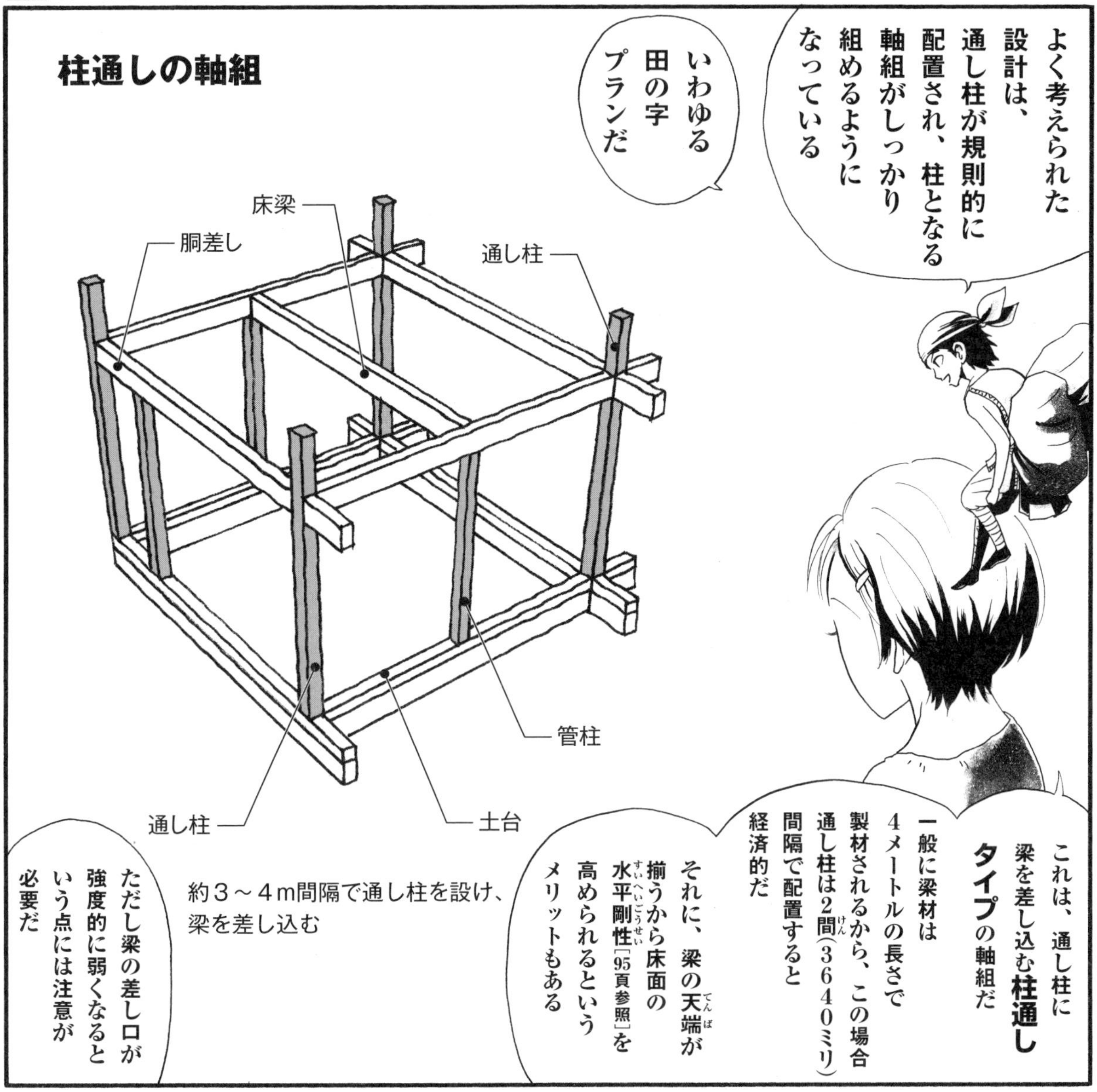
よく考えられた設計は、通し柱が規則的に配置され、柱となる軸組がしっかり組めるようになっている
いわゆる田の字プランだ
柱通しの軸組
床梁
胴差し
通し柱
管柱
通し柱
土台
これは、通し柱に梁を差し込む柱通しタイプの軸組だ
一般に梁材は4メートルの長さで製材されるから、この場合通し柱は2間《けん》(3640ミリ)間隔で配置すると経済的だ
それに、梁の天端《てんば》が揃うから床面の水平剛性《すいへいごうせい》[95頁参照]を高められるというメリットもある
約3～4m間隔で通し柱を設け、梁を差し込む
ただし梁の差し口が強度的に弱くなるという点には注意が必要だ

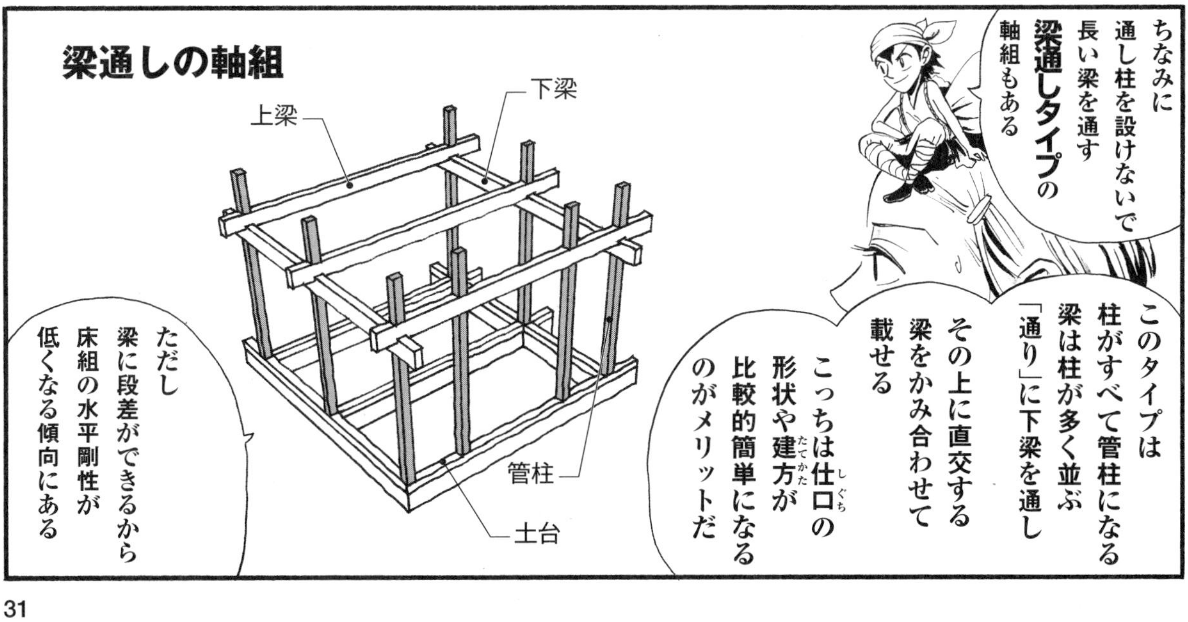
梁通しの軸組
ちなみに通し柱を設けないで長い梁を通す梁通しタイプの軸組もある
上梁
下梁
管柱
土台
このタイプは柱がすべて管柱になる梁は柱が多く並ぶ「通り」に下梁を通しその上に直交する梁をかみ合わせて載せる
こっちは仕口《しぐち》の形状や建方《たてかた》が比較的簡単になるのがメリットだ
ただし梁に段差ができるから床組の水平剛性が低くなる傾向にある

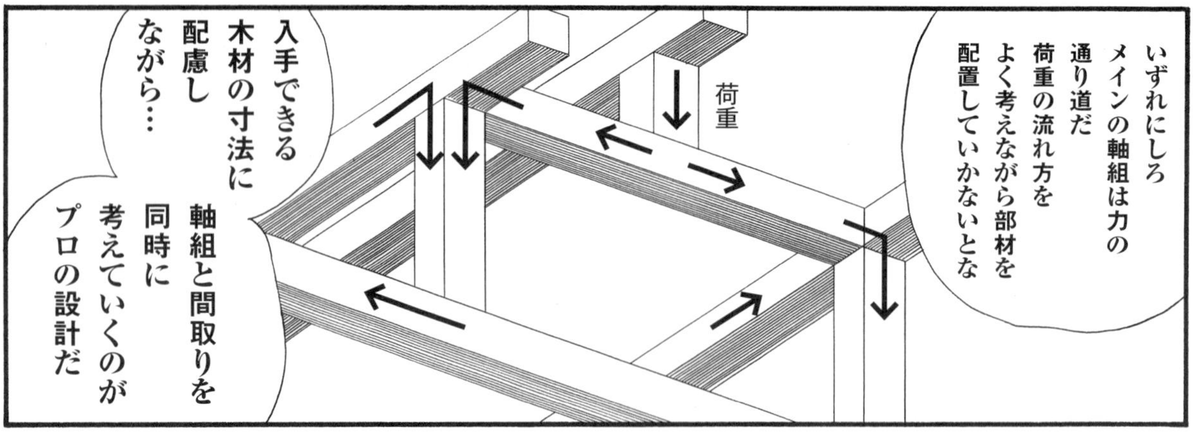
いずれにしろ
メインの軸組は力の
通り道だ
荷重の流れ方を
よく考えながら部材を
配置していかないとな
荷重
入手できる
木材の寸法に
配慮し
ながら…
軸組と間取りを
同時に
考えていくのが
プロの設計だ

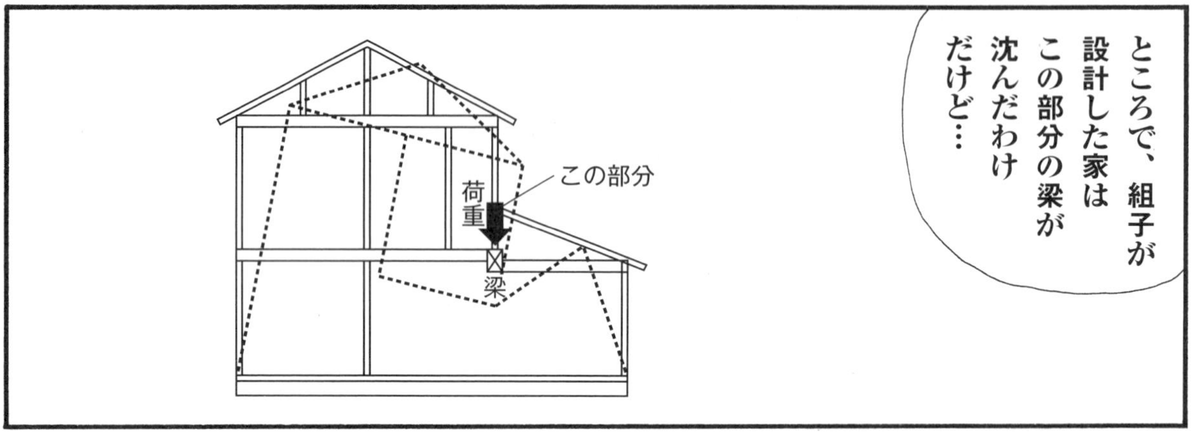
ところで、組子が
設計した家は
この部分の梁が
沈んだわけ
だけど…
この部分
荷重
梁

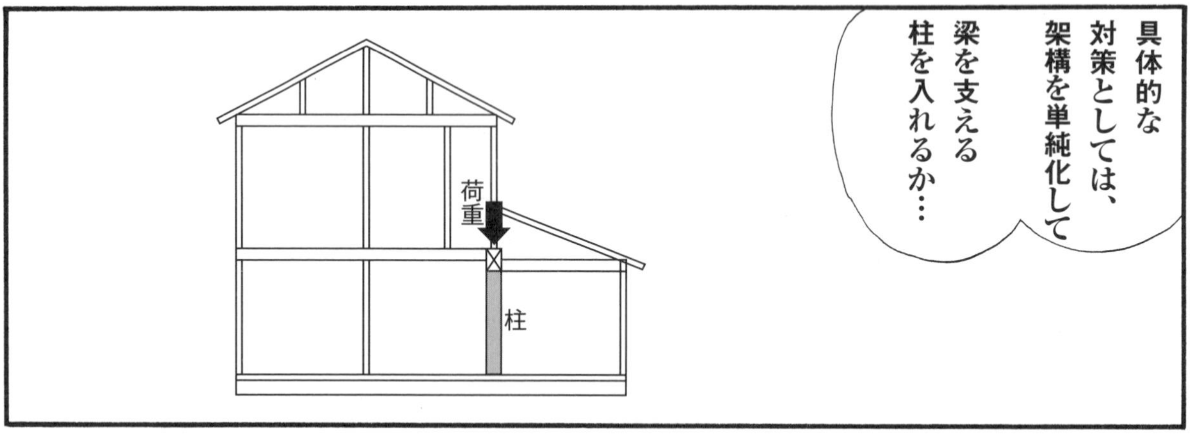
具体的な
対策としては、
架構を単純化して
梁を支える
柱を入れるか…
荷重
柱

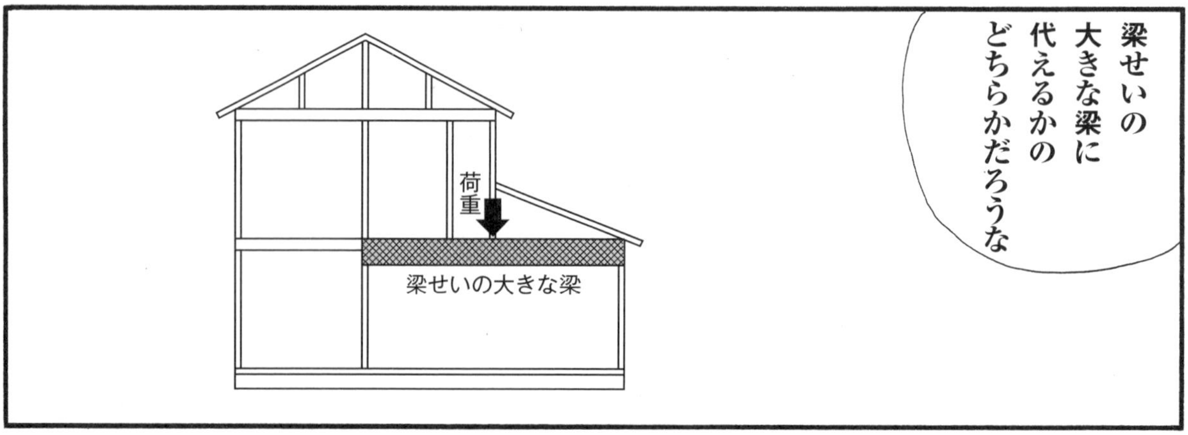
梁せいの
大きな梁に
代えるかの
どちらかだろうな
荷重
梁せいの大きな梁

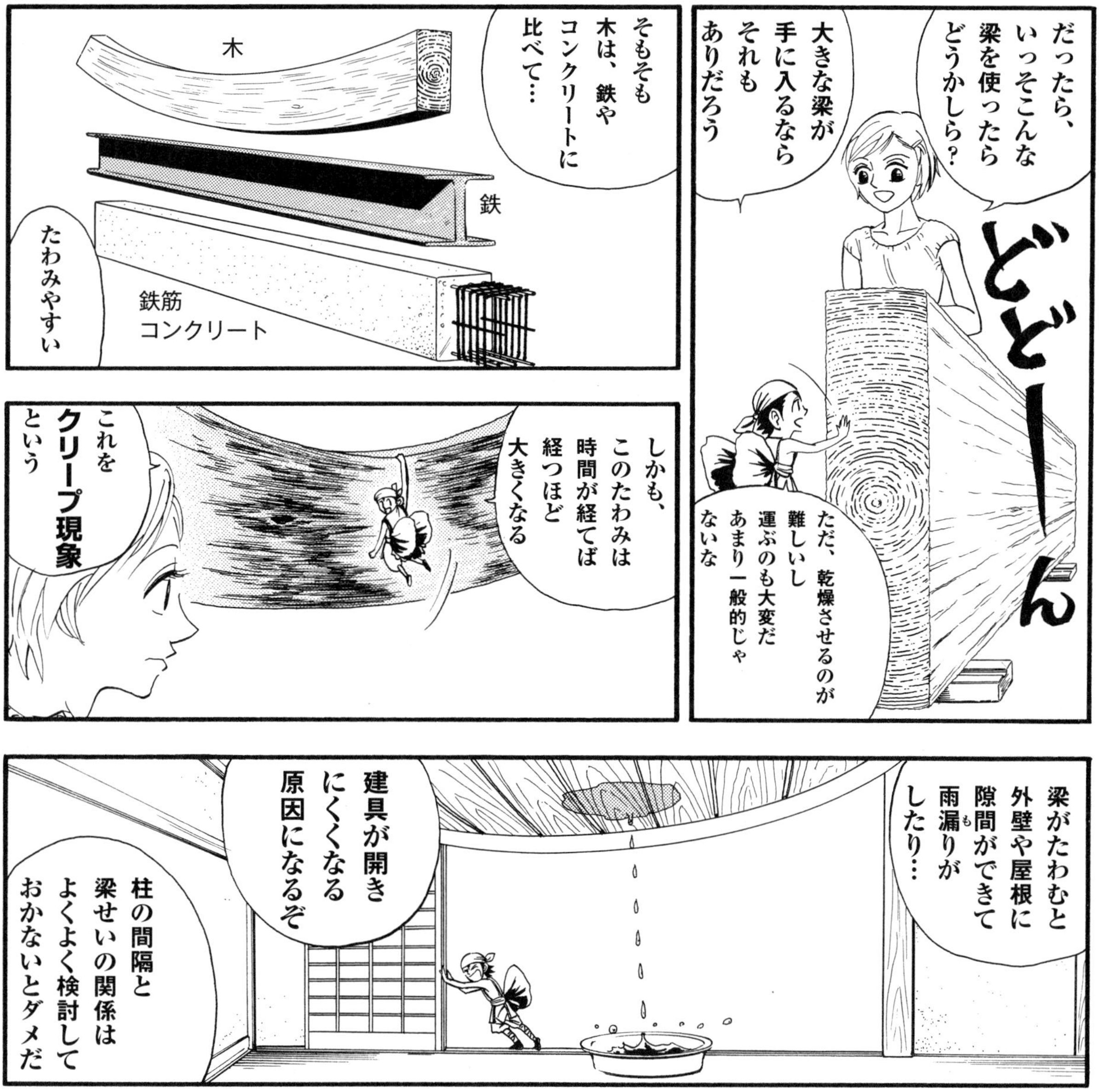

クリープ現象

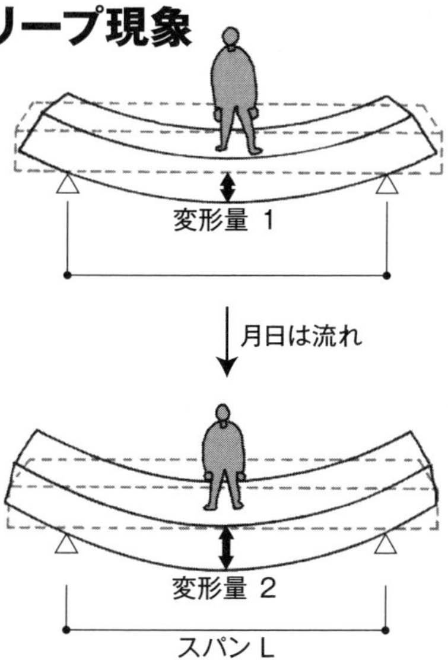

含《がん》水《すい》率《りつ》

木材そのものの重さに対する
水分の比率を、含水率という

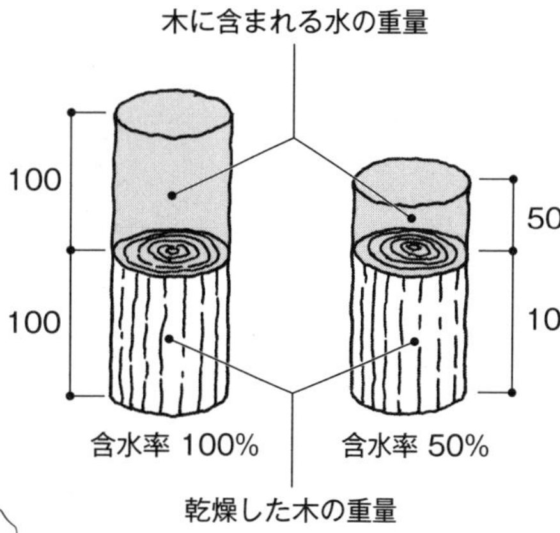

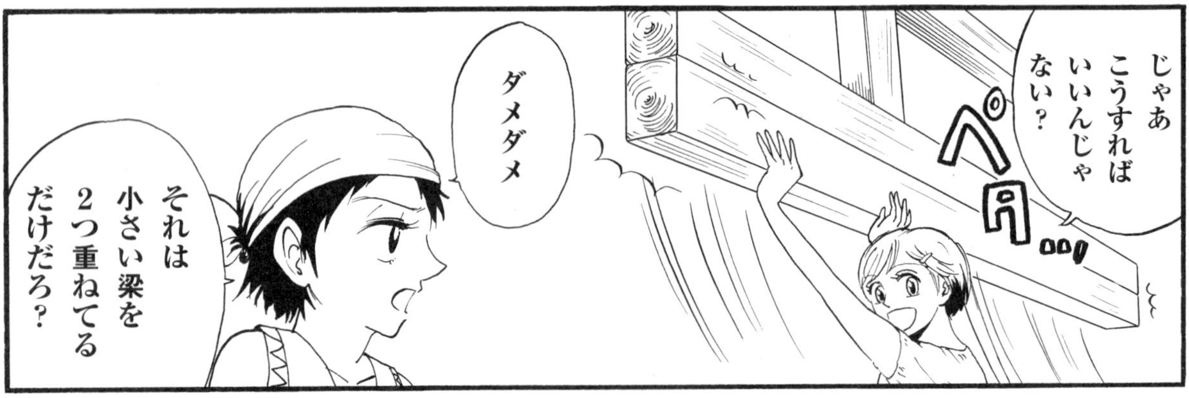

単材の梁と重《かさ》ね梁《ばり》の強さの違い

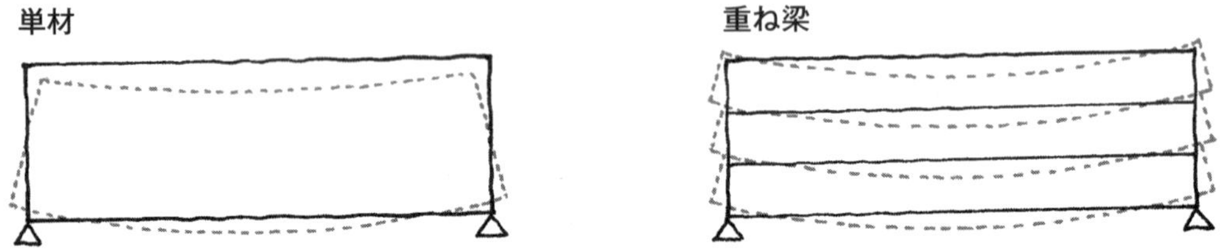

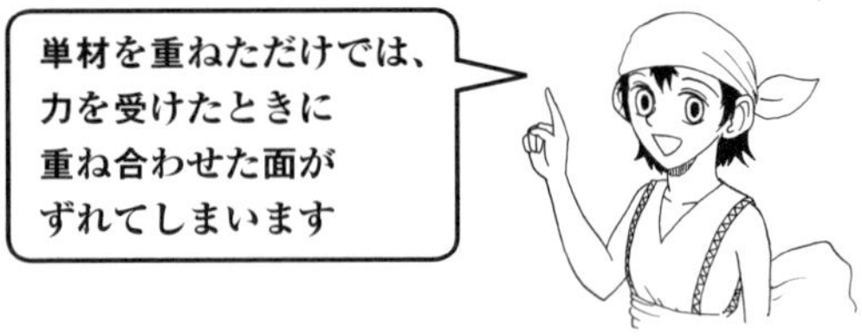

断面形	h, b	2h, b	h, h, b	3h, b	h, h, h, b
曲げ強度	1	4	2	9	3
曲げ剛性	1	8	2	27	3

じゃあ、これでどう？
言われたとおり
柱の寸法と梁せいを
直したわ
これなら大丈夫
でしょ？
よし、じゃあ
もう一回地震を
起こしてみるぞ
ひー
グラグラ
バキ
ダメじゃん
ゴン
どうしてよっ！
柱と梁せいは
完璧なはずよ
接合部が
なってないんだ
継手《つぎて》と仕口《しぐち》
接合部？
木造の
接合部は
木材を加工して
つなぎ合わせる
けど…
同一方向に
つなぎ合わせる
ものを継手《つぎて》
柱
梁
梁
柱
梁
梁
込栓《こみせん》
異方向につなぎ
合わせるものを
仕口《しぐち》という
仕口
柱と梁のように異なる方向の
部材が交差する接合部
継手
梁と梁など、同一方向の部材を
つなぎ合わせる接合部

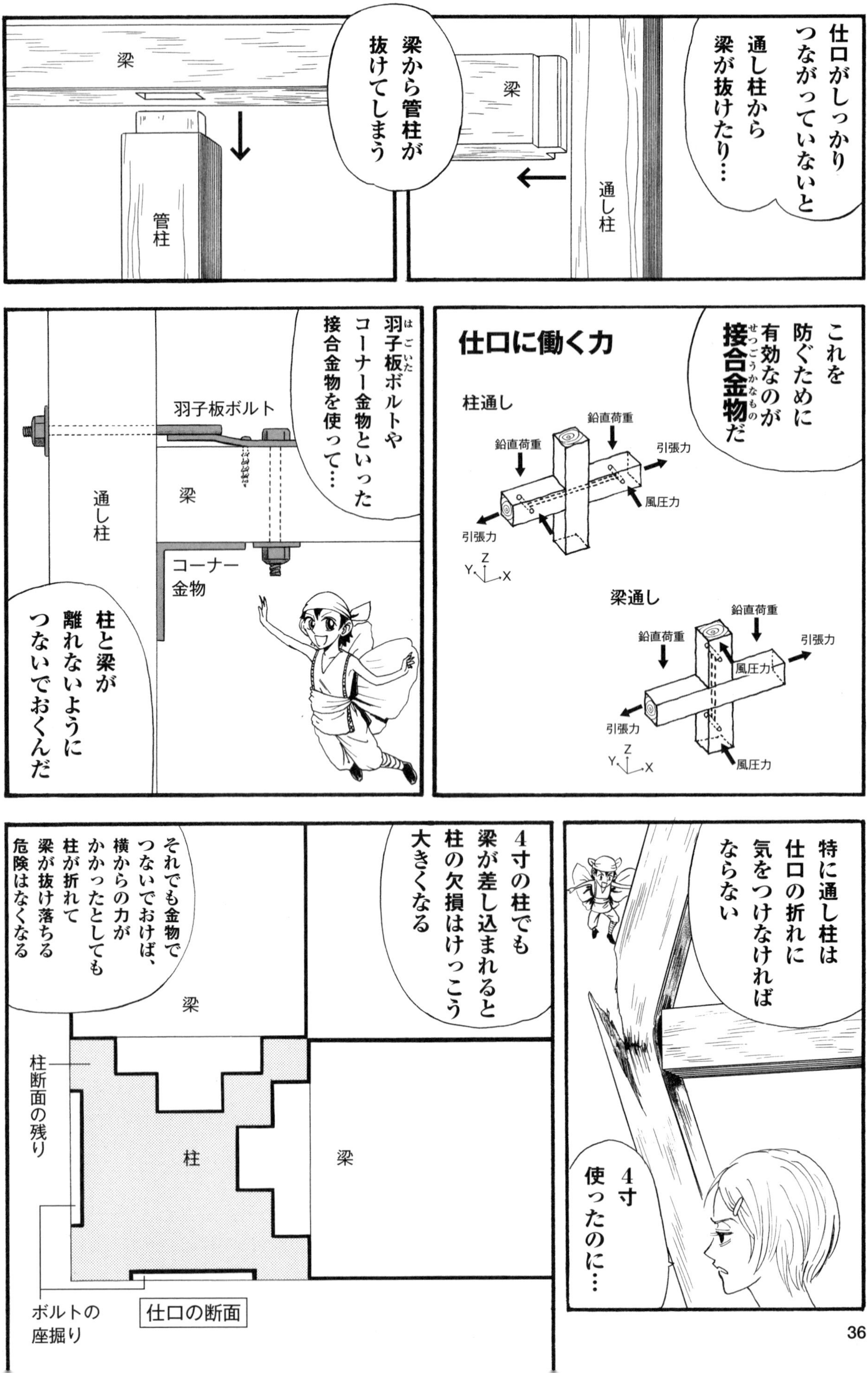
仕口がしっかりつながっていないと
通し柱から梁が抜けたり…
梁
通し柱
梁から管柱が抜けてしまう
梁
管柱
これを防ぐために有効なのが接合金物《せつごうかなもの》だ
仕口に働く力
柱通し
鉛直荷重
鉛直荷重
引張力
風圧力
引張力
Z
Y
X
梁通し
鉛直荷重
鉛直荷重
引張力
風圧力
引張力
風圧力
Z
Y
X
羽子板《はごいた》ボルトやコーナー金物といった接合金物を使って…
羽子板ボルト
通し柱
梁
コーナー金物
柱と梁が離れないようにつないでおくんだ
特に通し柱は仕口の折れに気をつけなければならない
4寸使ったのに…
4寸の柱でも梁が差し込まれると柱の欠損はけっこう大きくなる
それでも金物でつないでおけば、横からの力がかかったとしても柱が折れて梁が抜け落ちる危険はなくなる
梁
柱断面の残り
柱
梁
ボルトの座掘り
仕口の断面

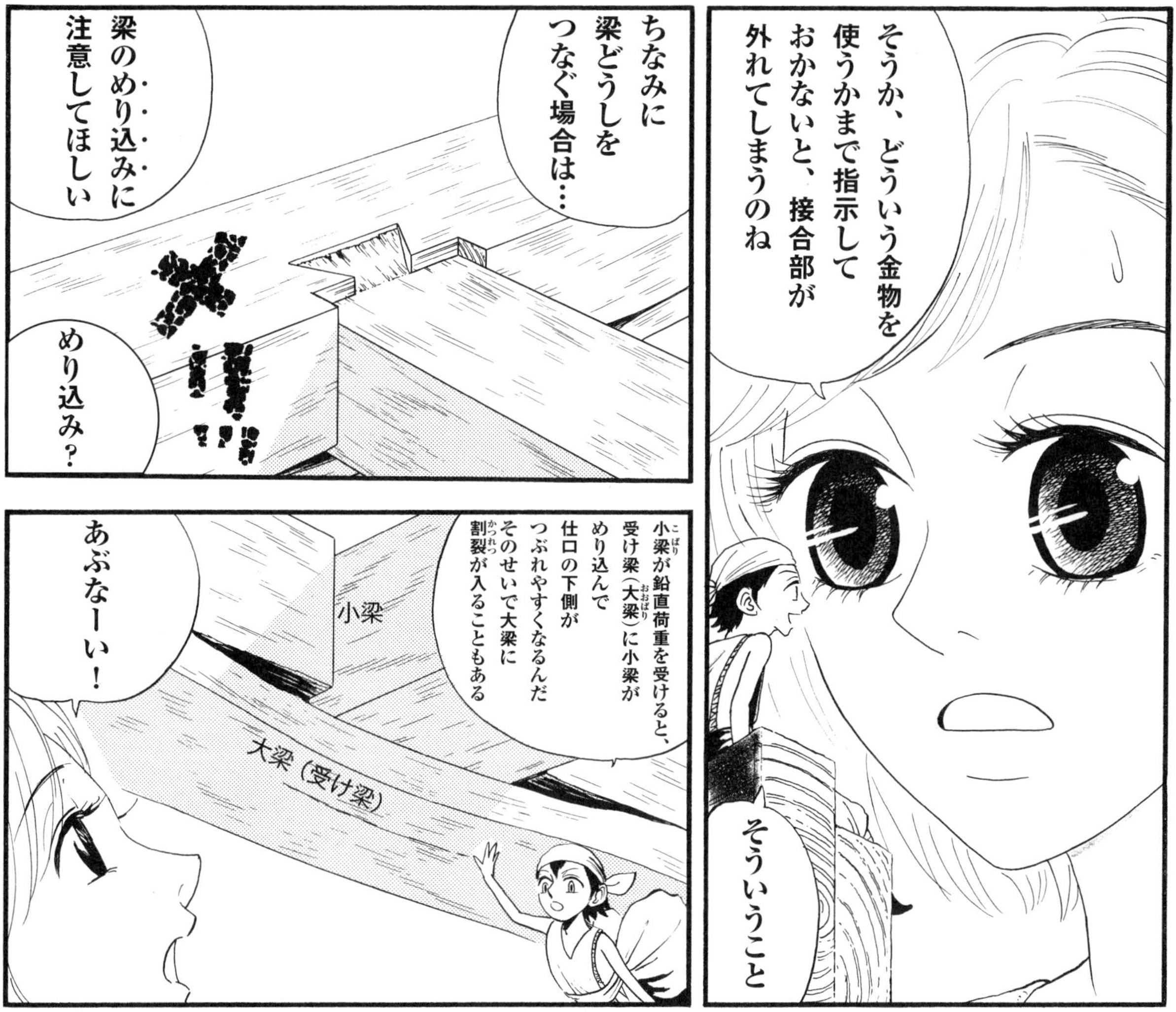
そうか、どういう金物を使うかまで指示しておかないと、接合部が外れてしまうのね
そういうこと
ちなみに梁どうしをつなぐ場合は…
梁のめり込みに注意してほしい
めり込み？
小梁《こばり》が鉛直荷重を受けると、受け梁（大梁《おおばり》）に小梁がめり込んで仕口の下側がつぶれやすくなるんだ そのせいで大梁に割裂《かれつ》が入ることもある
小梁
大梁（受け梁）
あぶなーい！

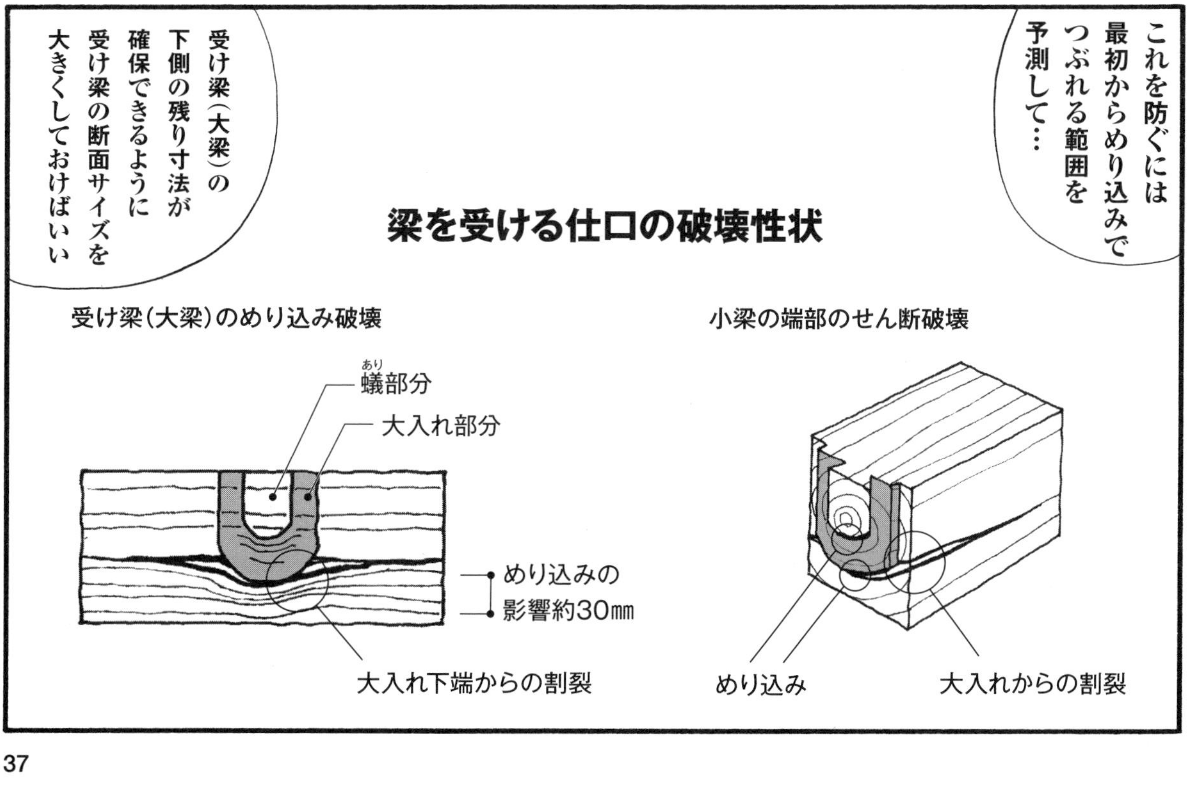
これを防ぐには最初からめり込みでつぶれる範囲を予測して…
受け梁（大梁）の下側の残り寸法が確保できるように受け梁の断面サイズを大きくしておけばいい
梁を受ける仕口の破壊性状
受け梁（大梁）のめり込み破壊
蟻《あり》部分
大入れ部分
めり込みの影響約30㎜
大入れ下端からの割裂
小梁の端部のせん断破壊
めり込み
大入れからの割裂

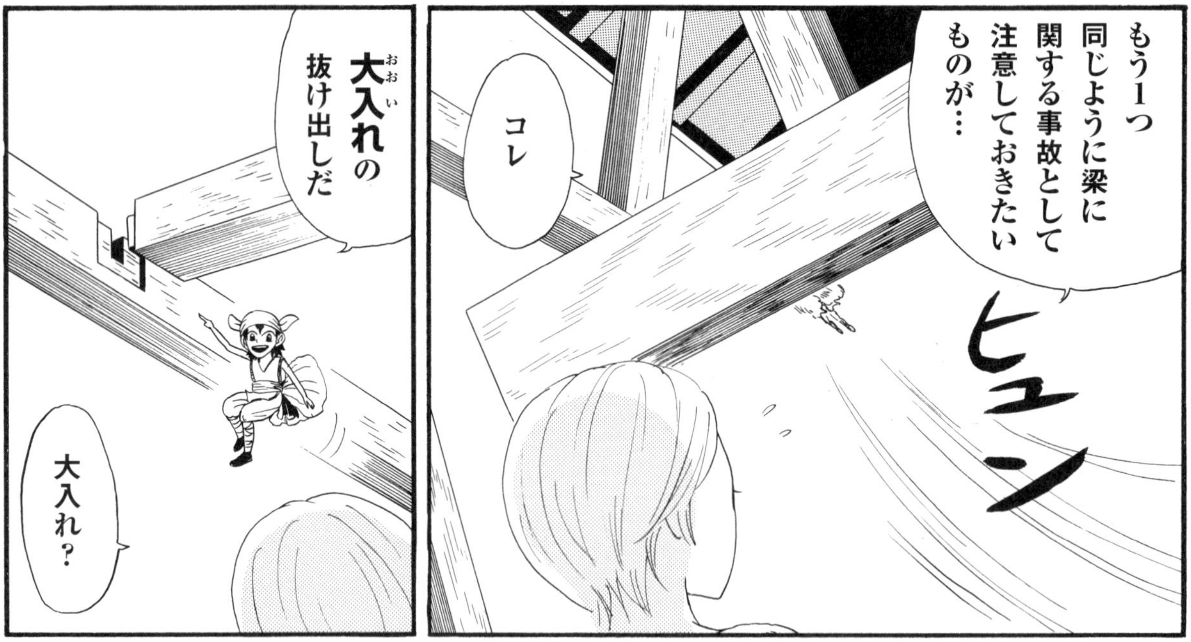
もう1つ同じように梁に関する事故として注意しておきたいものが…
ヒュン
コレ
大入《おおい》れの抜け出しだ
大入れ？

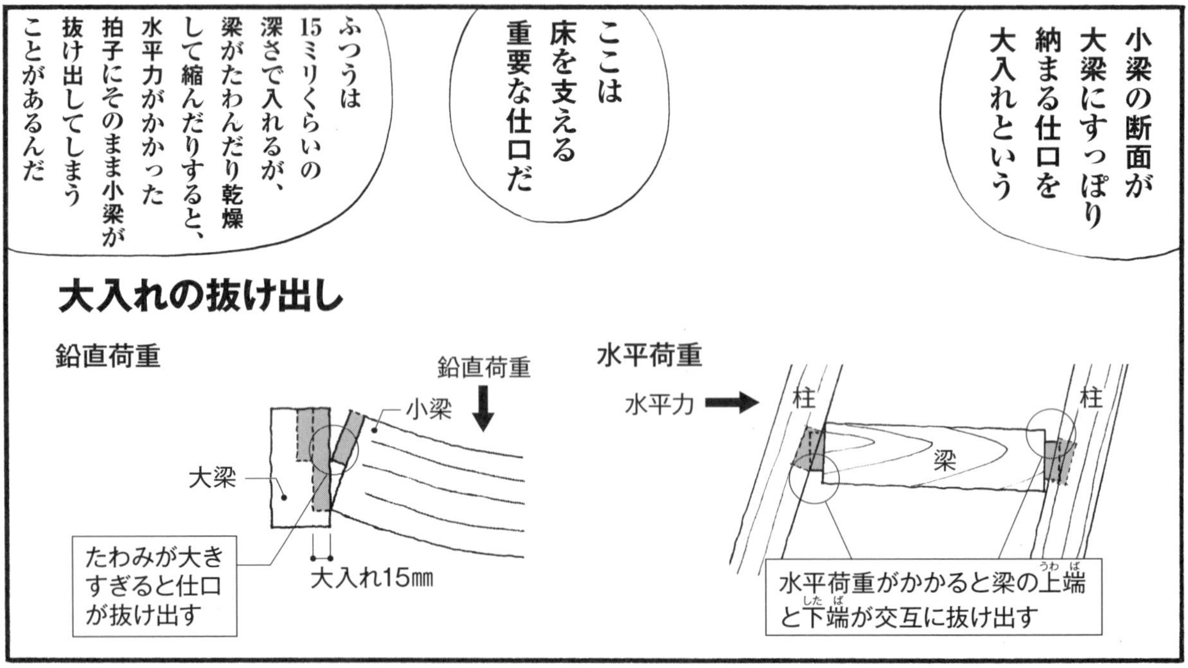
小梁の断面が大梁にすっぽり納まる仕口を大入れという
ここは床を支える重要な仕口だ
ふつうは15ミリくらいの深さで入れるが、梁がたわんだり乾燥して縮んだりすると、水平力がかかった拍子にそのまま小梁が抜け出してしまうことがあるんだ
大入れの抜け出し
鉛直荷重
鉛直荷重
小梁
大梁
たわみが大きすぎると仕口が抜け出す
大入れ15㎜
水平荷重
水平力
柱
柱
梁
水平荷重がかかると梁の上端《うわば》と下端《したば》が交互に抜け出す

こわっ！大入れが抜けるってことは床が落ちるってこと!?
わーっ
そうだこれを防ぐためにも金物による接合は有効だ
もちろん、大入れの寸法を15ミリより大きくするのもありだね

プハー お茶おいしいねー
金物のことなんて、すっかり忘れてたわ そういえば勉強したな
梁のめり込みの話は初耳だったけど…
じゃあ、ついでに土台のめり込みについて教えてやろう
モグ…
梁だけじゃないの？
後ろの土台見てみなよ
柱の載った部分がめり込んでるだろ？
荷重
木材は、繊維と直角方向の強度が低いんだ
土台
いいじゃない、ちょっとくらい土台が沈んでも
よくない！ 場合によっては家全体の傾斜につながることもある
大黒柱など大きな力を支える柱の足元は
①土台をめり込みにくい樹種にするか
柱
土台
堅木《かたぎ》（クリなど）
②柱を太くして土台との接触面積を大きくするか
柱
土台
③柱を基礎へ直接載せるといった配慮が必要だ
柱
柱と土台は
金物で接合する
土台
土台
基礎

木材の「方向」と強さ

異方性はほかの
材料にはない、
木材ならではの
特徴だ！

図1　収縮の異方性《いほうせい》

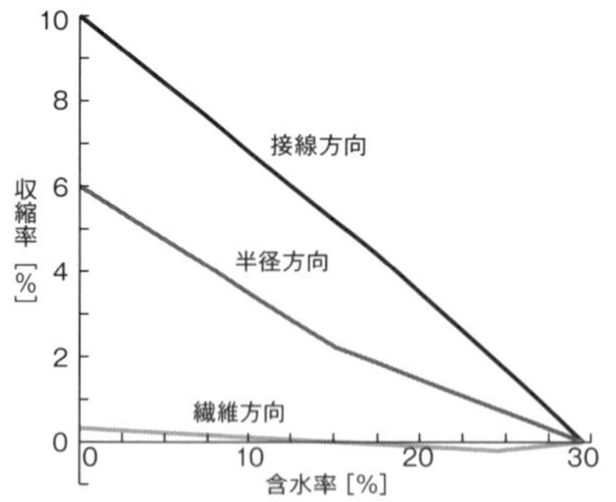

10
8
6
4
2
0
収縮率［%］
接線方向
半径方向
繊維方向
0
10
20
30
含水率［%］

出典：『2001木材乾燥手帳』（日本木材乾燥施設協会）

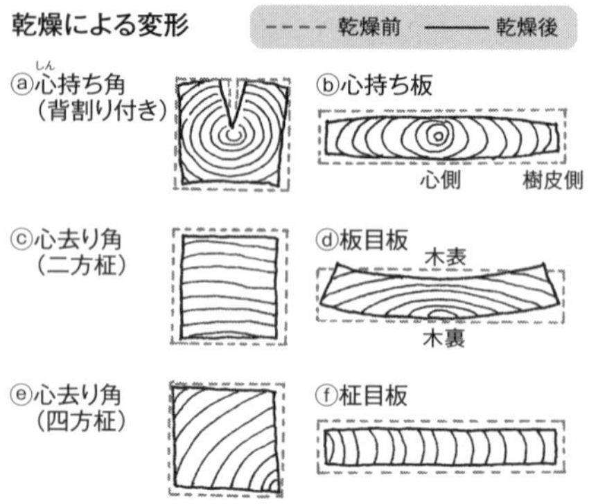

乾燥による変形
乾燥前
乾燥後
ⓐ心《しん》持ち角
（背割り付き）
ⓑ心持ち板
心側
樹皮側
ⓒ心去り角
（二方柾）
ⓓ板目板
木表
木裏
ⓔ心去り角
（四方柾）
ⓕ柾目板

図2　強度の異方性

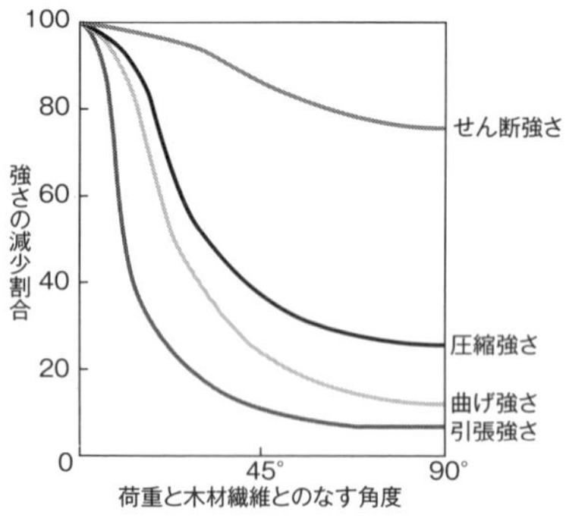

100
80
60
40
20
0
強さの減少割合
せん断強さ
圧縮強さ
曲げ強さ
引張強さ
45°
90°
荷重と木材繊維とのなす角度

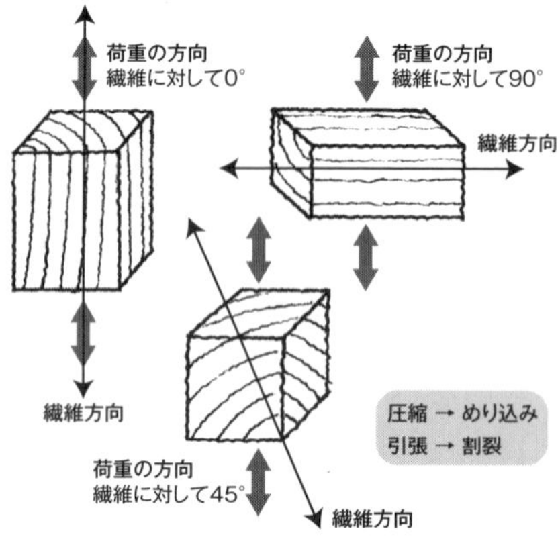

荷重の方向
繊維に対して0°
荷重の方向
繊維に対して90°
繊維方向
繊維方向
圧縮 → めり込み
引張 → 割裂
荷重の方向
繊維に対して45°
繊維方向

出典：『現場で役立つ建築用木材　木質材料の性能知識』
（（財）日本住宅・木材技術センター）

方向で変わる収縮と強度

木材は工業材料である鋼材やコンクリートと違い、その方向によって特性が異なります。これは、木材が有する最大の特性で、「異方性《いほうせい》」といいます。

木材の「方向」には繊維、半径、接線の３方向があります。同一の部材であっても、この方向によって乾燥収縮や強度・ヤング係数が異なります。

乾燥収縮

木材は乾燥すると内部の水分が抜けて収縮します。この現象を乾燥収縮といい、接線方向が最も収縮しやすい特徴があります（図１）。したがって、図１ⓑのような心持《しんも》ち板では、樹皮側の厚みが心側よりも薄くなります。また、ⓓのように木表《きおもて》と木裏《きうら》をもつ通常の板では、樹皮に近い木表側に反りが生じます。角材のときも同様に収縮します。

強度

強度は、荷重《かじゅう》のかかる方向が繊維に平行であるほど高く、直角方向は低くなります（図２）。木材はいずれの方向でも脆《もろ》い壊れ方をしますが、「めり込み」の場合は、ねばり強いという特徴があります。

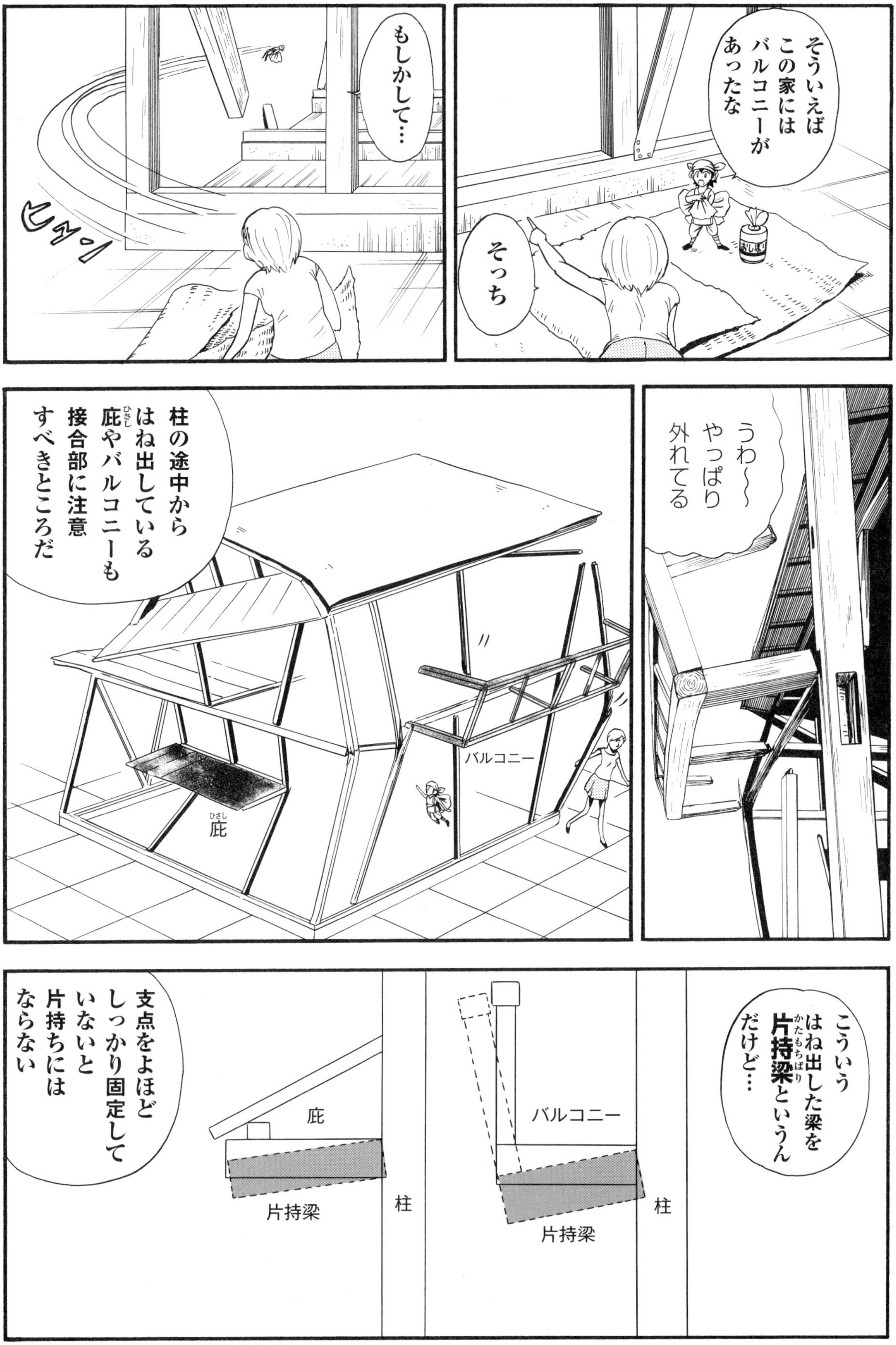
そういえば この家には バルコニーが あったな
そっち
もしかして…
ヒュン
うわ〜〜 やっぱり 外れてる
柱の途中から はね出している 庇《ひさし》やバルコニーも 接合部に注意 すべきところだ
バルコニー
庇《ひさし》
こういう はね出した梁を 片持梁《かたもちばり》というんだけど…
バルコニー
柱
片持梁
庇
片持梁
柱
支点をよほど しっかり固定して いないと 片持ちには ならない

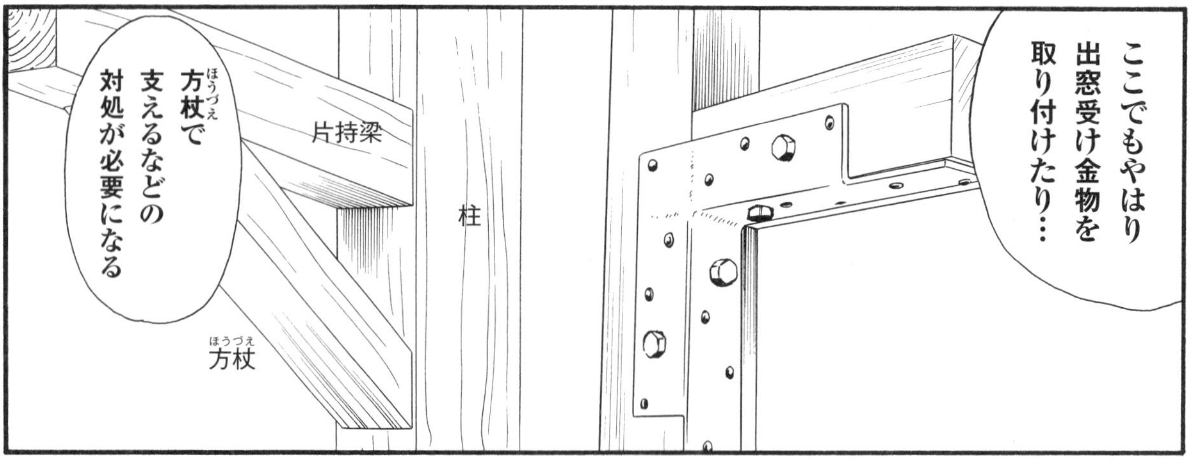
ここでもやはり出窓受け金物を取り付けたり…
方杖《ほうづえ》で支えるなどの対処が必要になる
片持梁
柱
方杖《ほうづえ》

片持梁を安全にする方法

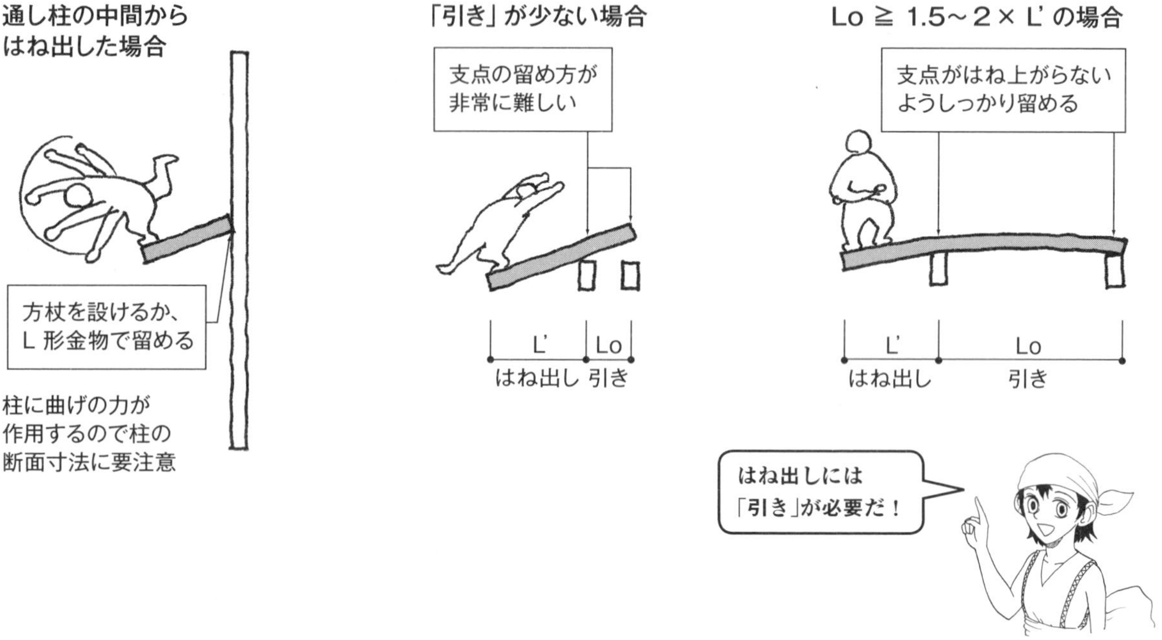
通し柱の中間から
はね出した場合
方杖を設けるか、
L 形金物で留める
柱に曲げの力が
作用するので柱の
断面寸法に要注意
「引き」が少ない場合
支点の留め方が
非常に難しい
L’
Lo
はね出し
引き
Lo ≧ 1.5～2 × L’ の場合
支点がはね上がらない
ようしっかり留める
L’
Lo
はね出し
引き
はね出しには
「引き」が必要だ！

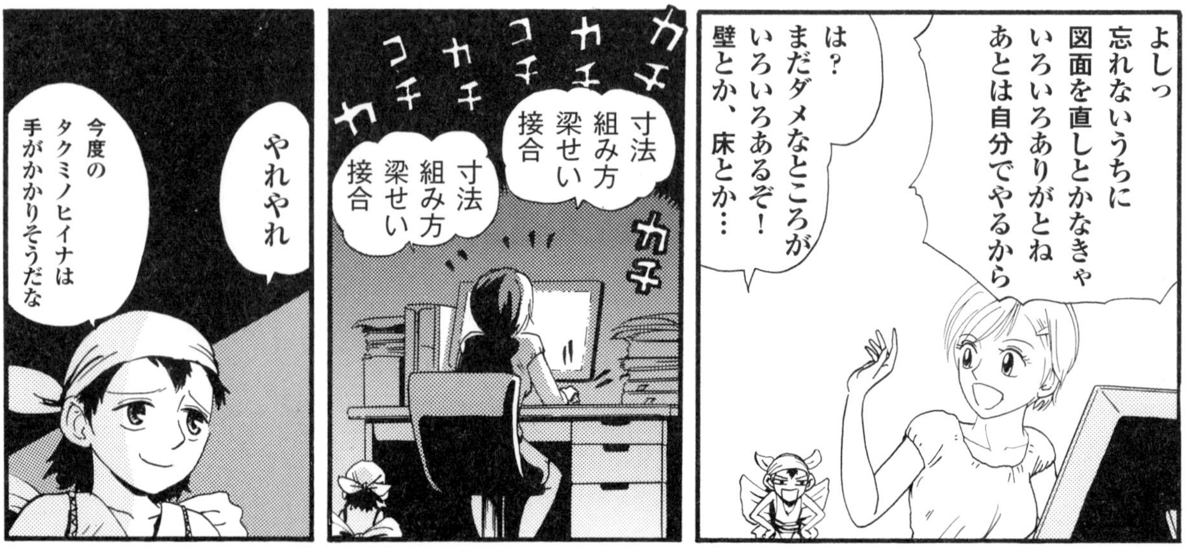
よしっ
忘れないうちに
図面を直しとかなきゃ
いろいろありがとね
あとは自分でやるから
は？
まだダメなところが
いろいろあるぞ！
壁とか、床とか…
カチ
カチ
コチ
カチ
コチ
カチ
カチ
寸法
組み方
梁せい
接合
寸法
組み方
梁せい
接合
やれやれ
今度の
タクミノヒイナは
手がかかりそうだな

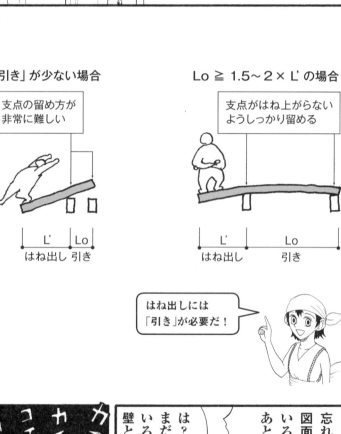

チュン
チュン
大杉
グ～
グ～
はっ
朝!?
パ
夢!?
図面は？
おお～～っ夢だけど
夢じゃなかった！
図面できてるー
徹夜したからいつの間にか寝ちゃってヘンな夢見たのね

ガッ
ガッ
おっはよう！
おう
わ！
腰《こし》掛《か》け鎌《かま》継《つ》ぎね！
急に詳しくなったな
フフン
一夜漬けで入れた知識ひけらかしに来たのか？
これ、どこの現場？
ゴロン
新築だよお前の事務所の近くだぞ
ゴト
へえ～遊びに行っちゃおうかな
あ～なんか木のにおい
クンクン

これ なんの木?
スギ
くんか くんか
ねえ この柱、なんで割れてるの?
背割《せわ》りだ
せわり?
木材を乾燥させると、干割《ひわ》れができるから…
あらかじめ背割りを入れてほかの三面に割れが出ないようにしているんだ
干割れ
自然に乾燥させると、表面から水分が抜けていく。これに伴って発生する割れのことを干割れ（乾燥割れ）という
背割り
人工的に割れ目をつくって、ひび割れを制御するもの。木材の心まで均一に乾燥させる目的もある
割れてても強度には問題ないの?
貫通割れじゃなきゃ問題ない
割れと構造強度の関係
①欠損なし
Y方向の力
X方向の力
Y方向の力に対するせい
X方向の力に対するせい
②背割り
Y方向の力に対するせい
X方向の力に対するせい
③貫通割れ
Y方向の力に対するせい
X方向のせい
X方向のせい
繊維方向の力に対しては……
①、②、③ともほぼ同じ性能。ただし、③はX方向のせいが半分なので座屈しやすい
X方向の力に対しては……
①と②はほぼ同じだが、③はせいが半分になっているので耐力の低下が大きい
Y方向の力に対しては……
①と②はほぼ同じ。③もせいは変わらないので耐力の低下は小さい
こいつ、一応勉強したんだな

こっちは背割りがないね
それは人工乾燥だからな
人工？木材を人工的に乾燥させるの？
ああ
風通しのよいところで6カ月くらいかけて乾燥させる天然乾燥と違って…
人工乾燥は熱を加えて温度や湿度を調整しながら、1週間から1カ月くらいで乾かすんだ
この方法だと表面に割れが出にくい
じゃあ、全部人工乾燥のほうがいいじゃない
まぁな ただ、下手すると人工乾燥は内部に割れが出ることがあるんだ
天然乾燥
材面に割れが発生する
人工（高温）乾燥
内部に割れが発生しやすい。材面の割れはなし
そうなると見えないところで接合部の強度に影響を与えることがある

それに高温で乾かす人工乾燥は木材の脂分が抜けて天然乾燥に比べると色ツヤが悪くなりがちだ
ツヤ
ツヤ
まぁ使う場所によって木を選べばいいわけだが…
ところで何しに来たんだ?
そうそうこれ見てよ
ジャーン!
ペラ
ああ山盛邸《やまもり》の図面か
これでもまだ私に設計はムリだって言う?
フン
まぁ、柱や梁はまともに入ってるみたいだけど…
壁のバランスが悪いなちゃんと4分割法でチェックしたのか?
へ?
あー、これまだ途中なのよー
ありがとねバイバイ!
壁のバランスって何よ?
おいちょっと待て!!

何だ、その
あわてようは！
それ、本当に
自分でやったのか？
リアルに覚えてるけど
あれは夢だもんね
あ…
当たり前でしょ
ほかに誰がいるのよ
私をみくびってもらっちゃ困るよ
よく言うよ
全部オイラに教えてもらったクセに
ピョン
ひっ
な、なんだっ！
そいつ？
えっ、これ？
何言ってるのっ
携帯のストラップよ
オホホ
うわっ
落ちる
あーそうだ！
えーと…
友香《ゆうか》！
友香が連絡ちょうだいって
は？
なんで？
なんで？
…えーと
のっ、飲み会！
そうだ、
やろうよ、飲み会
私も久々に戻って来たんだしさ…
たぶん、その件じゃないかな…
どの件だよ
はあ
はあ
アレ…
現実だったの？
何だと
思ったんだよ
キモッ！
ピューーッ
うわー
投げるなー

手刻みとプレカット

部　位	手加工（手刻み）	プレカット
胴差し ―柱	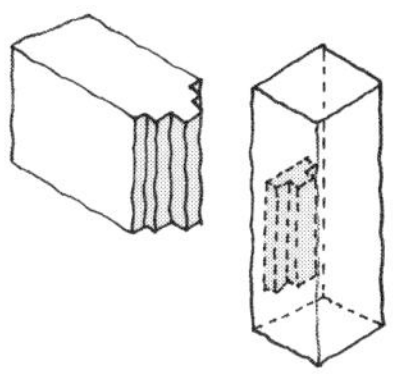	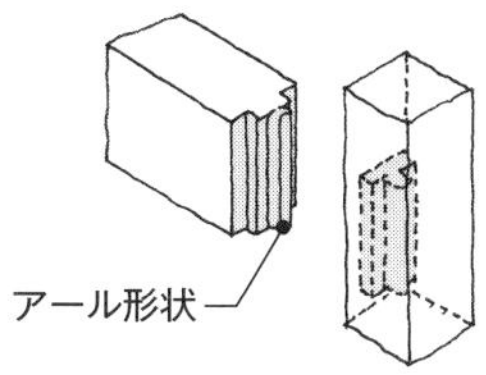アール形状
梁―梁	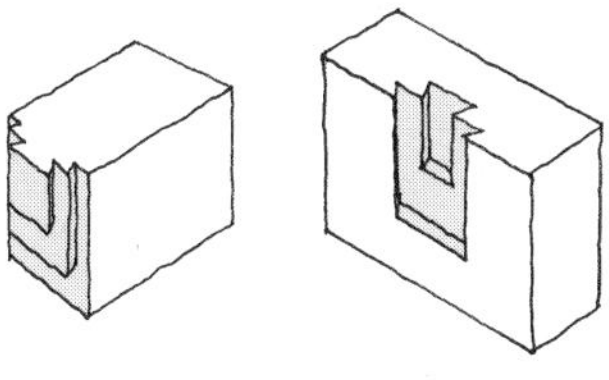	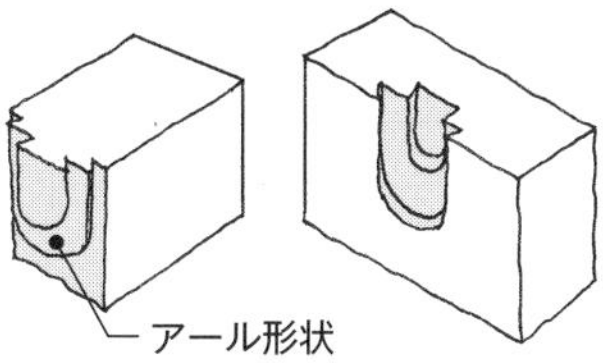アール形状
渡り腮《あご》	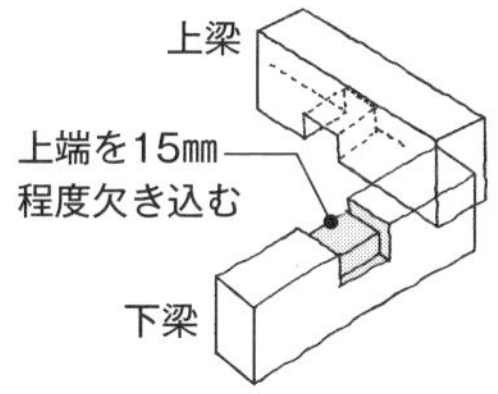上梁 上端を15㎜ 程度欠き込む 下梁	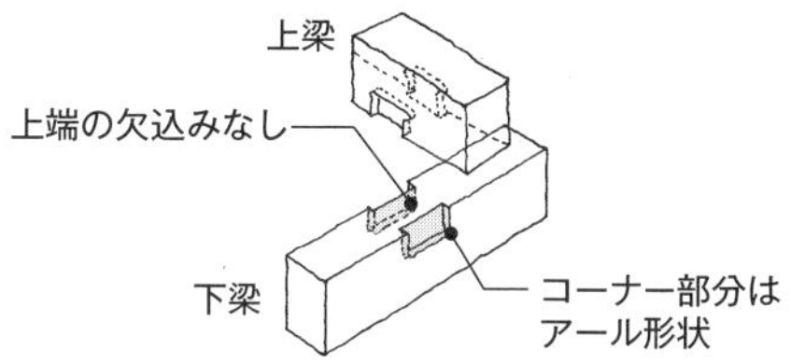上梁 上端の欠込みなし 下梁 コーナー部分は アール形状
継　手	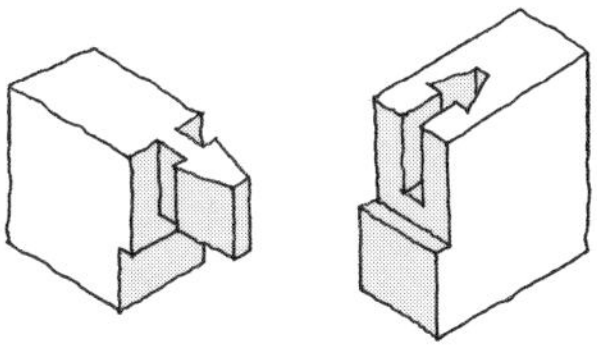	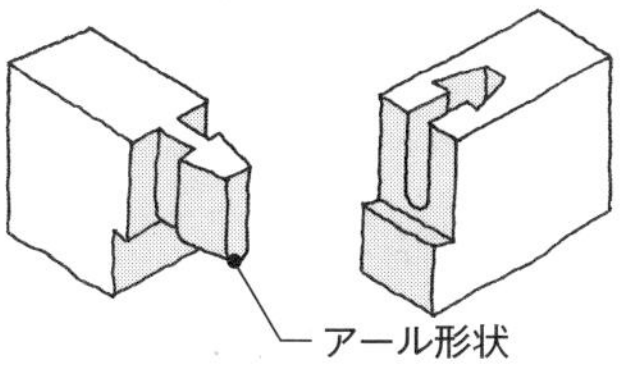アール形状
その他	・乾燥による収縮を考えながら加工する ・曲尺(かねじゃく)の幅15の倍数で、各寸法が決まっていることが多い	・よく乾燥させ直角に製材してから加工する ・ルーター(ドリル)加工のため、隅部がアール形状になる

木材を鑿《のみ》などで加工することを「刻《きざ》み」、刻むために目印を付けることを「墨付《すみつ》け」といいます。木材の癖を読みながら、使用する部位に見合った材料を選び加工することは、大工の最も重要な仕事です。わが国の接合形状の多様さは、大工の工夫により生み出されたものといえます。

ところが近年は、施工期間が非常に短く、技術者も少なくなってきたことから、接合部を機械で加工して、現場では組み立てるだけの工法が主流となっています。これを「プレカット」といい、加工機械はCAD《キャド》と連動しています。プレカットは、主要な加工形状には対応できますが、特殊な形状は手刻みで補うこともあります。また、部材の外形を均一にするため、木材を十分に乾燥させておく必要があります。

機械は便利ですが「木を読む」ことはできません。構造上重要な部位に欠点がないよう目視での確認も必要です。

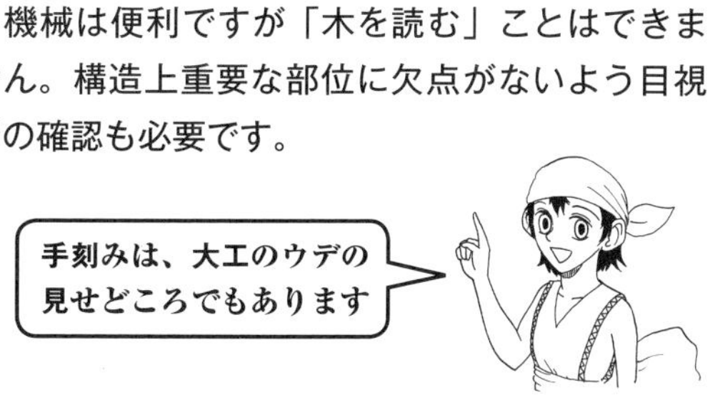
手刻みは、大工のウデの
見せどころでもあります

第3話 耐力壁の設計

開放的な間取りもいいけれど…

施主・山盛《やまもり》邸
㈲山盛木材店
プラン変更？
すみません
もうだいぶ
作業も
進んじゃってる
でしょうに…
いえいえ
やっぱり
こんなふうに
したいんです
今っぽくて
オシャレじゃ
ないですか？
やさしい光に
包まれて暮らす
大開口のLOHASな家
Stylish House

…はぁ
私は反対したんですよ
あまり開放的すぎるのは住みづらいとね
お父さんはだまっててよ！私が住む家なんだから
だいたい、そんな雑誌どこから持ってきたんだ
マーくんがたまたま読んでたの
Antonius
特集Stylish House
最新ケータイ
スマホVSムーバ
マーくんめ口は出さない体《てい》でいながらさりげなく主張してるな
まぁ、たしかに眺めのいい敷地ですからね
広々とした感じにしたいのはわかるんだが…
庭とリビングが一体になってつながっているような家がいいんです
庭とリビングですか…ということは
こんな感じでいかがでしょうか

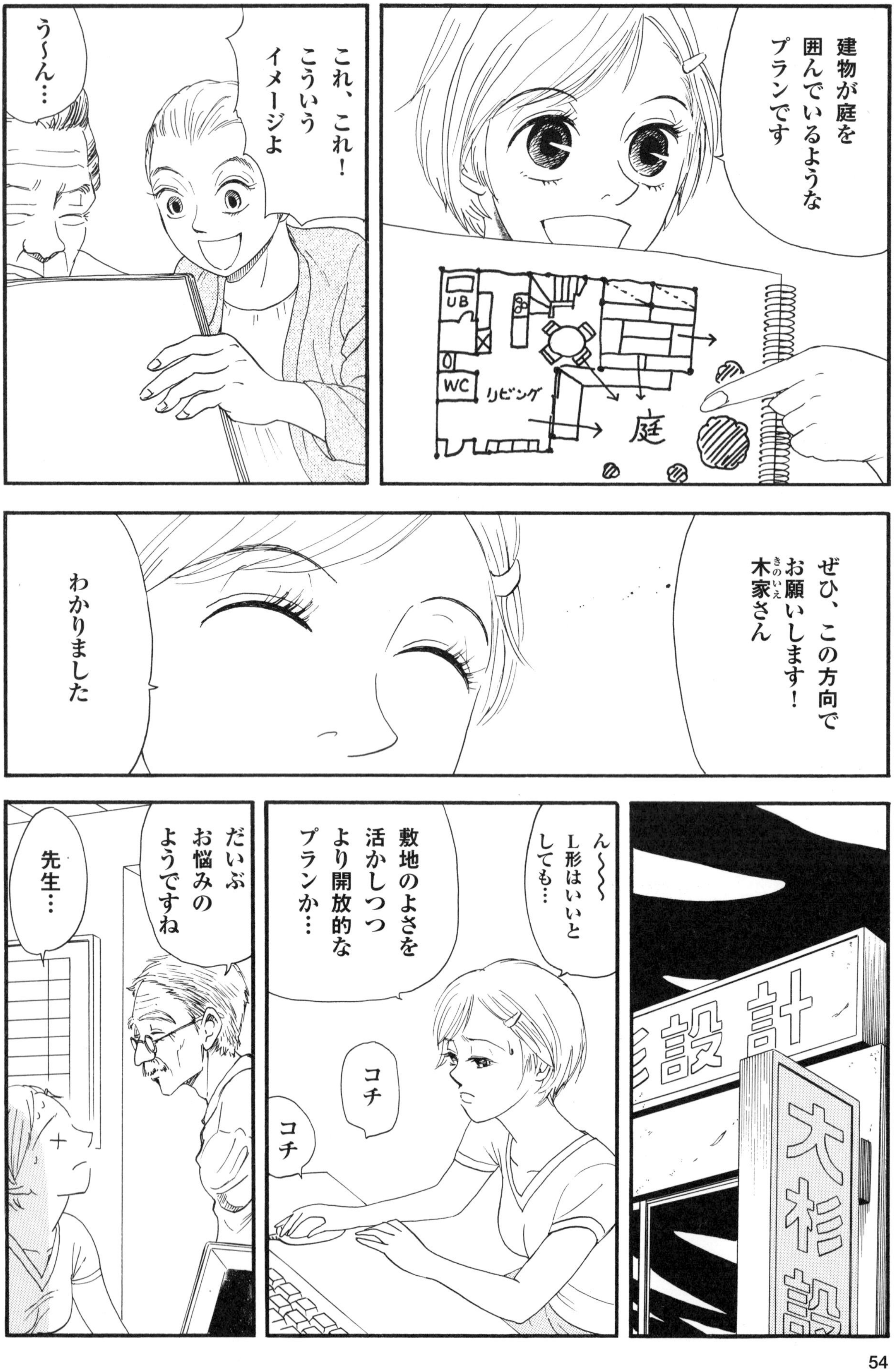
建物が庭を囲んでいるようなプランです
UB
WC
リビング
庭
これ、これ！こういうイメージよ
う〜ん…
ぜひ、この方向でお願いします！木家《きのいえ》さん
わかりました
設計
大杉設
ん〜〜L形はいいとしても…
敷地のよさを活かしつつより開放的なプランか…
コチ
コチ
だいぶお悩みのようですね
先生…

そんなときは建て主さんのご家族が楽しく生活されている姿をイメージしてみるといいですよ
生活をイメージか…
ファ…
ありがとうございます！
ワデュカフェ
カポ
カチ
どこから見ても
コチ
きれいだな～と
よし、できたっ！柱・梁・接合部もバッチリだ
チータの現場はこの近くだったな

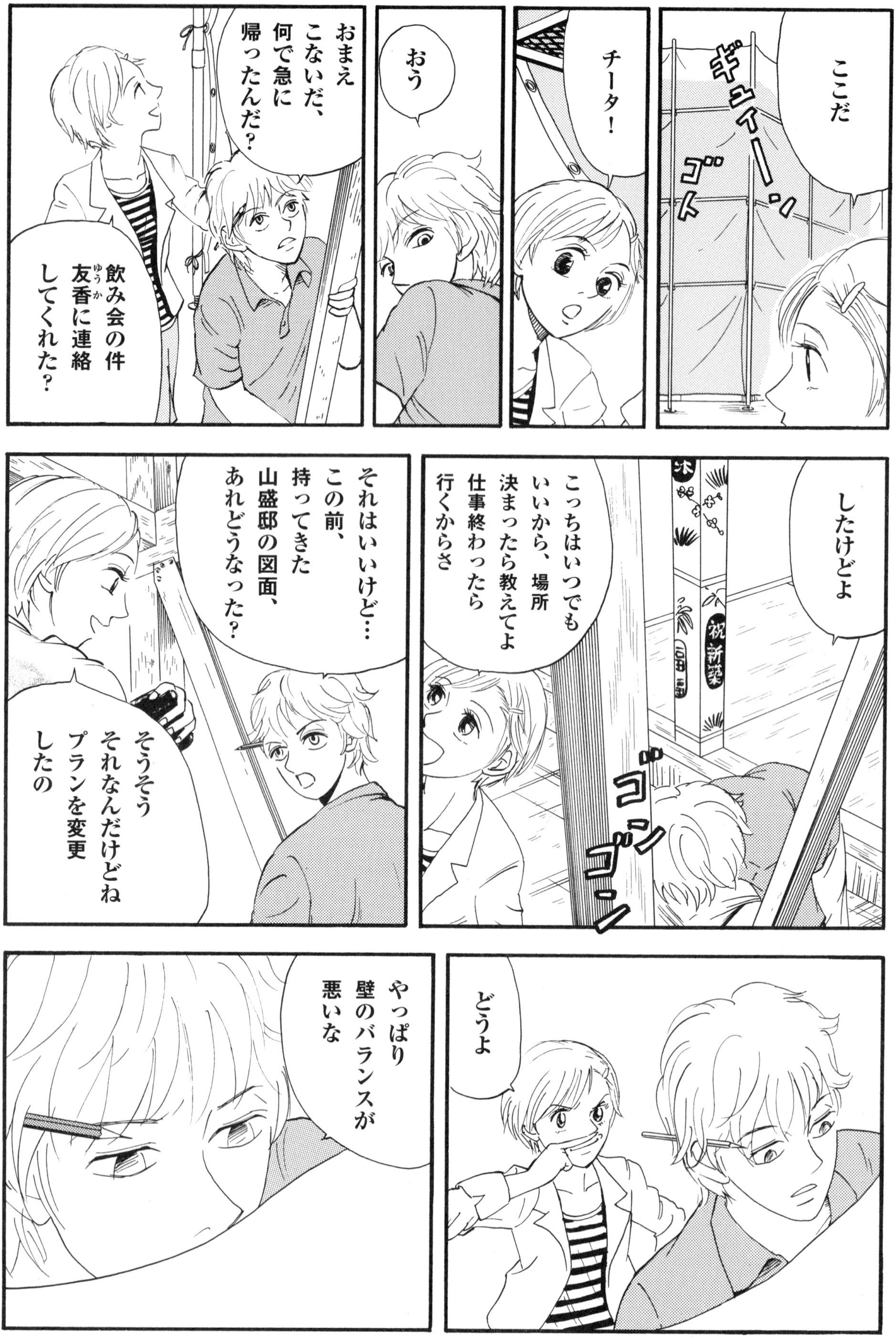
ここだ
ギュィーー
ゴト
チータ！
おう
おまえ こないだ、何で急に帰ったんだ？
飲み会の件 友香《ゆうか》に連絡してくれた？
したけどよ
こっちはいつでもいいから、場所決まったら教えてよ 仕事終わったら行くからさ
ゴンゴーン
それはいいけど… この前、持ってきた山盛邸の図面、あれどうなった？
そうそう それなんだけどね プランを変更したの
どうよ
やっぱり壁のバランスが悪いな

……
カベ？
この前の図面もそうだったが…
おまえ、
4分割法のこと
知らないんじゃないのか？
トボ
はぁ…
壁って
言われても…
チャカ
チャカ
何がおかしい
のかな…
木構造《もくこうぞう》の
悩みなら
オイラに
まかせな！
あれから
出てこない
な…
なんか
アドバイス
してくれない
かな…
もう出てきて
くれないの
かな…

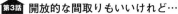

あっ
そうだ!
たしか、コレ好きだったな
チャ
チャ
こんな方法で出てくるわけないか
ポリ ポリ
早っ!!
コロゾウ!
コウゾウだよ!
会いたかった!
投げたじゃん
プランを変更したいって言われてL形の建物にしたんだけど…
チータは壁の入れ方がおかしいって言うのよ
じゃあ一丁
やってみるか

これが、組子の設計したL形の建物だ
庭に面したところはすべてガラスで開放感バツグンよ！
じゃあ地震起こすよ
グラグラ
ガシャ
バリッ
あわわわ
これは耐力壁《たいりょくへき》の設計を間違えたL形建物の典型的な壊れ方だ
あわわわ…

なんでよ～！
耐力壁のバランスが悪いからだ
たとえば耐力壁が2面にしか入っていない建物は…
こっちから水平力がかかると…
耐力壁
耐力壁
ぐに
このようにねじれてしまう
水平力
耐力壁
耐力壁
組子の設計した建物も同じように耐力壁が2面にしか入っていなかっただろ？
これでは地震の揺れに抵抗できない
壁がない建物は地震がきたら必ず倒れると断言していいくらい、耐力壁は建物にとって重要な構造要素なんだ

重心・剛心《ごうしん》・偏心《へんしん》——耐力壁のバランスの話

建物の重さの中心を重心、かたさの中心を剛心といいます。重心はほぼ平面形の図心となります。建物のかたさとは、耐力壁の強さ（壁倍率×壁の長さ）をいいます。たとえば、南側も北側も耐力壁の量が同じであれば剛心は建物の中心になりますが、耐力壁が北側に偏っていれば剛心は北側寄りになります。

また、重心と剛心にずれが生じていることを偏心といいます。偏心している距離が大きければ大きいほど、水平力が作用したときの建物のねじれも大きくなり、建物が倒壊する危険性も高くなります。

さらに、たとえ偏心が小さかったとしても、外周部に壁がなく中心部に偏在しているプランは、外周部が大きく振られやすくなります。特に、木造の水平構面は柔らかいため、耐力壁は極力外周部にも設けるようにします。

壁が偏在したときのねじれ

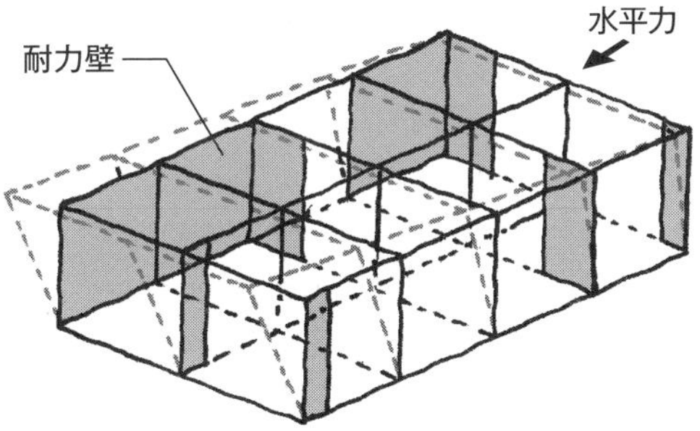

耐力壁
水平力

耐力壁が偏在すると、建物全体が「ねじれ破壊」する可能性が高くなります。壁量は十分であっても、ねじれが先行すると倒壊の危険性が高まるのです

耐力壁の3大ポイント

耐力壁は水平要素に抵抗する最も重要な構造要素。その役割を確実に果たすには以下の3点が必須条件となります。

①耐力壁の必要量を確保する

②バランスよく配置してねじれを防ぐ

③耐力壁周囲の接合部を確実に留める

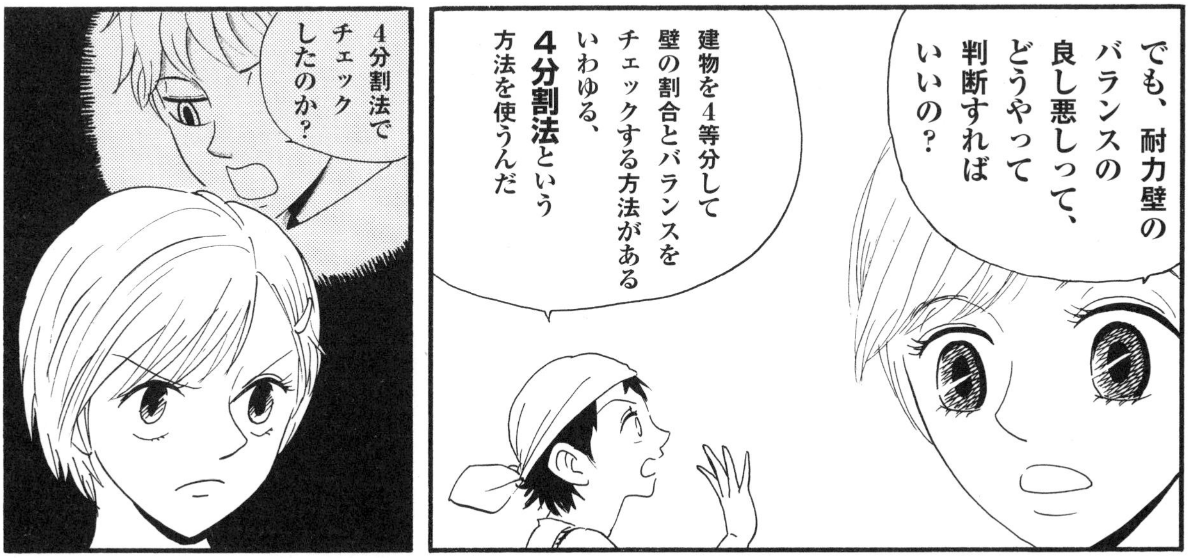

でも、耐力壁のバランスの良し悪しって、どうやって判断すればいいの？
建物を4等分して壁の割合とバランスをチェックする方法があるいわゆる、4分割法という方法を使うんだ
4分割法でチェックしたのか？

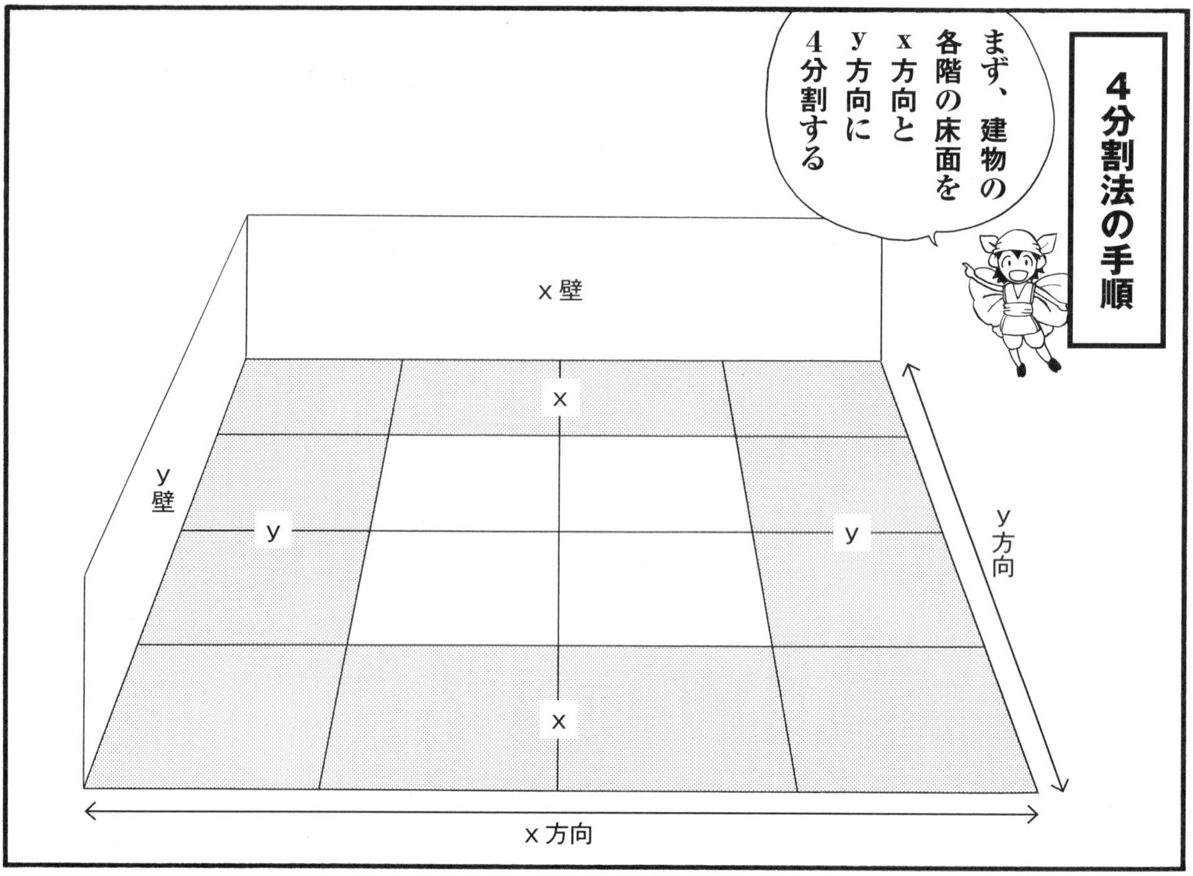
4分割法の手順
まず、建物の各階の床面をx方向とy方向に4分割する
x壁
x
y壁
y
y
y方向
x
x方向

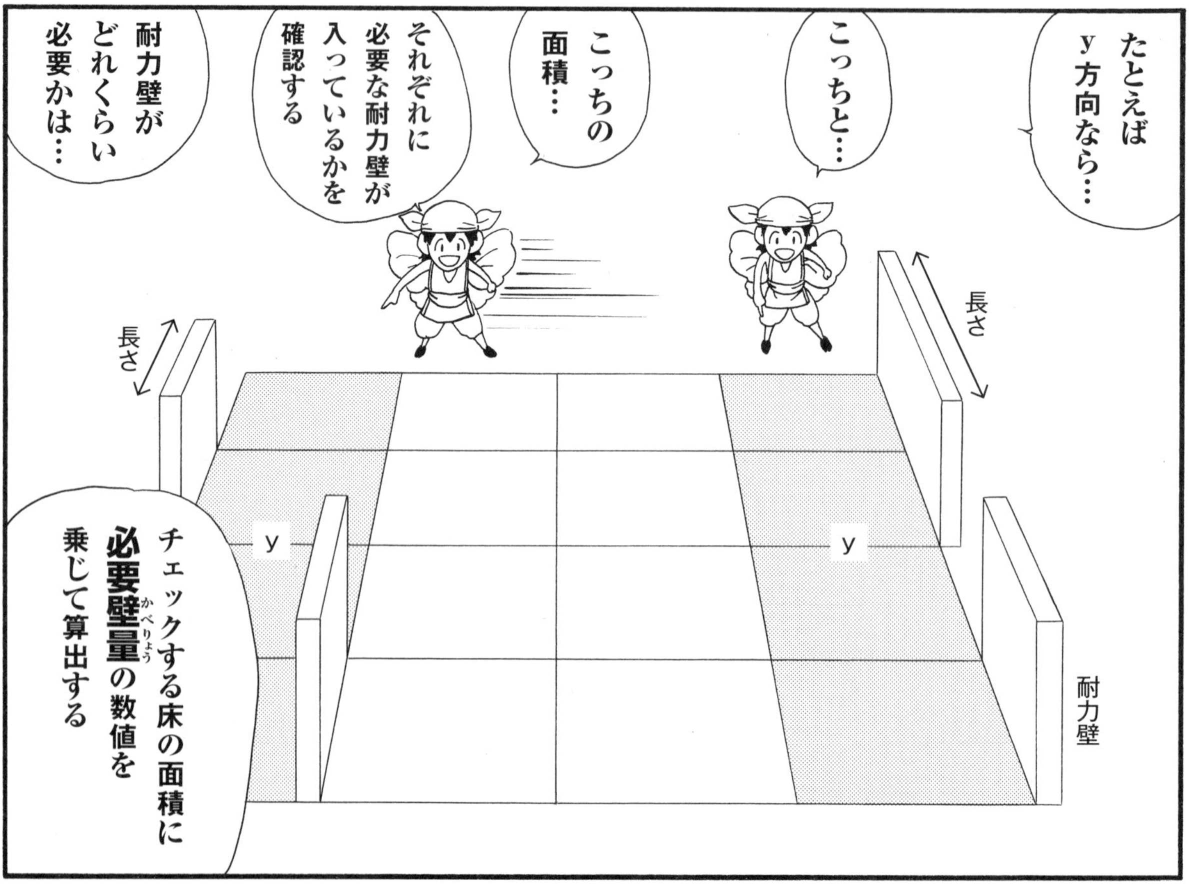
たとえばy方向なら…
こっちと…
こっちの面積…
それぞれに必要な耐力壁が入っているかを確認する
耐力壁がどれくらい必要かは…
長さ
長さ
y
y
耐力壁
チェックする床の面積に**必要壁量《かべりょう》**の数値を乗じて算出する

存在壁量 / 必要壁量 = □部の耐力壁の長さ×壁倍率《かべばいりつ》 / □部の床面積×必要壁量の係数(地震)
=1以上なら壁量充足率《かべりょうじゅうそくりつ》を満たしている
y方向の壁を確認したら、x方向の壁も同様にチェックする
この計算で必要壁量より存在壁量が多いとわかれば問題ない
だけど、もしどちらか一方でも壁の量が足りていなければ…
さらに壁量充足率の比率である壁率《かべりつ》比《ひ》を検討して…
その値が0.5以上になるかどうか確認する
壁率比 = 壁量充足率(小さいほう) / 壁量充足率(大きいほう) ≧ 0.5
クイッ
0.5以上ならOKだ
う~ん
難しすぎて何言ってるのかさっぱり…
いきなり飛ばしすぎたかな…
仕方ない「耐力壁とは何か」から話を始めるとするか

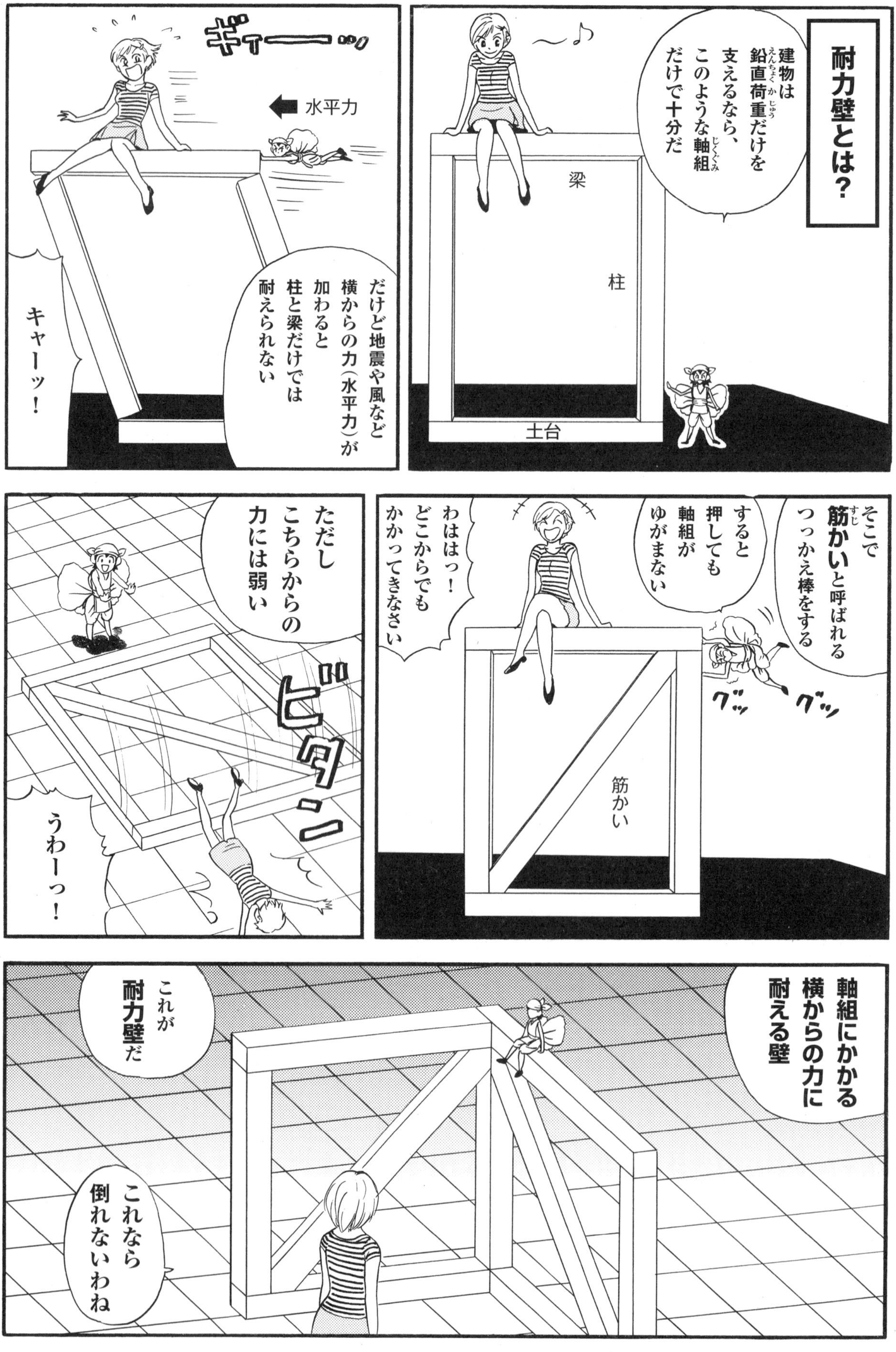
耐力壁とは？
建物は鉛直荷重《えんちょくかじゅう》だけを支えるなら、このような軸組《じくぐみ》だけで十分だ
梁
柱
土台
ギィーーッ
水平力
だけど地震や風など横からの力（水平力）が加わると柱と梁だけでは耐えられない
キャーッ！
そこで筋《すじ》かいと呼ばれるつっかえ棒をする
すると押しても軸組がゆがまない
わははっ！どこからでもかかってきなさい
グッ
グッ
筋かい
ただしこちらからの力には弱い
ビダーン
うわーっ！
軸組にかかる横からの力に耐える壁
これが耐力壁だ
これなら倒れないわね

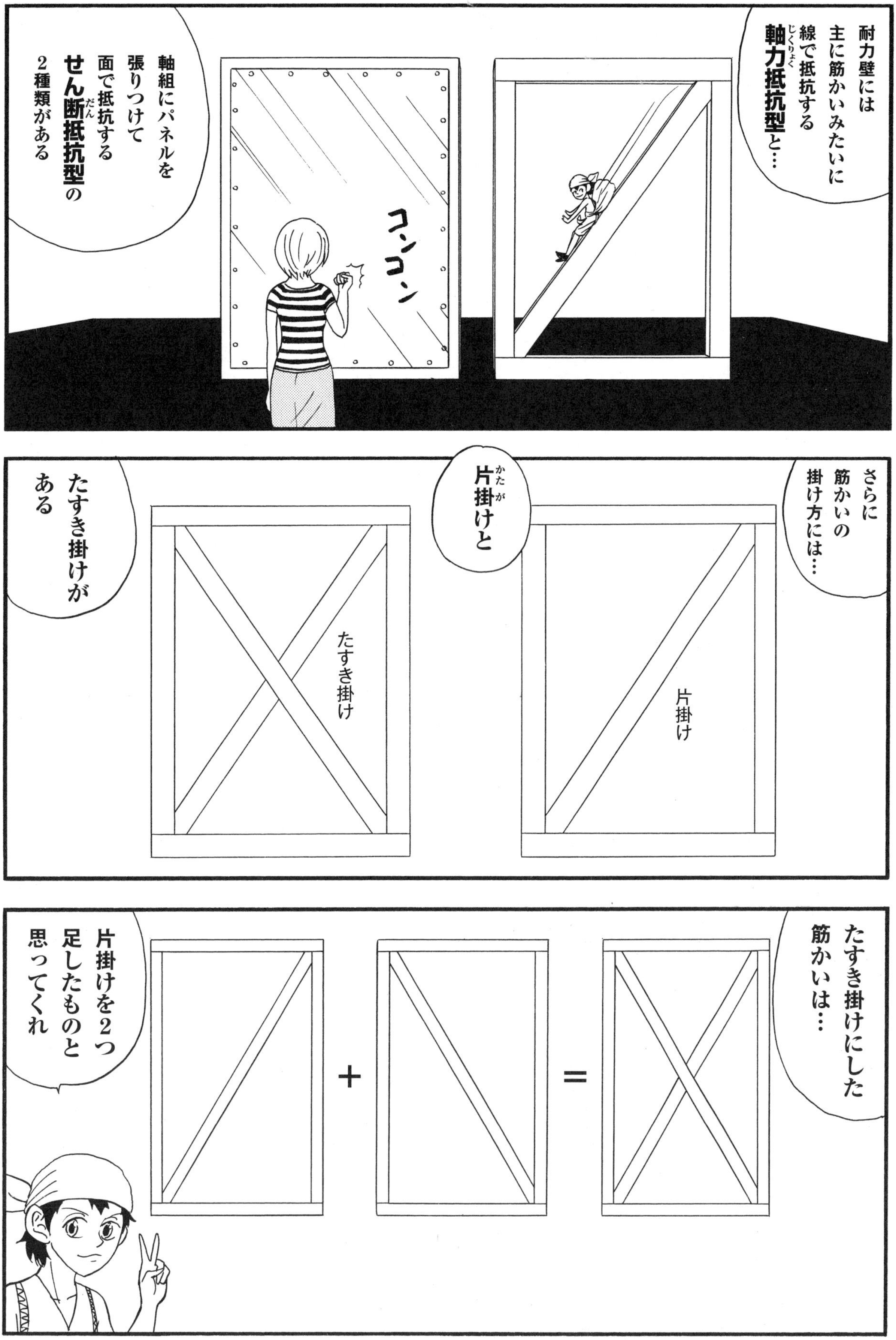
耐力壁には
主に筋かいみたいに
線で抵抗する
軸力《じくりょく》抵抗型と…
軸組にパネルを
張りつけて
面で抵抗する
せん断《だん》抵抗型の
2種類がある
コンコン
さらに
筋かいの
掛け方には…
片《かた》掛《が》けと
たすき掛けが
ある
片掛け
たすき掛け
たすき掛けにした
筋かいは…
片掛けを2つ
足したものと
思ってくれ
+
=

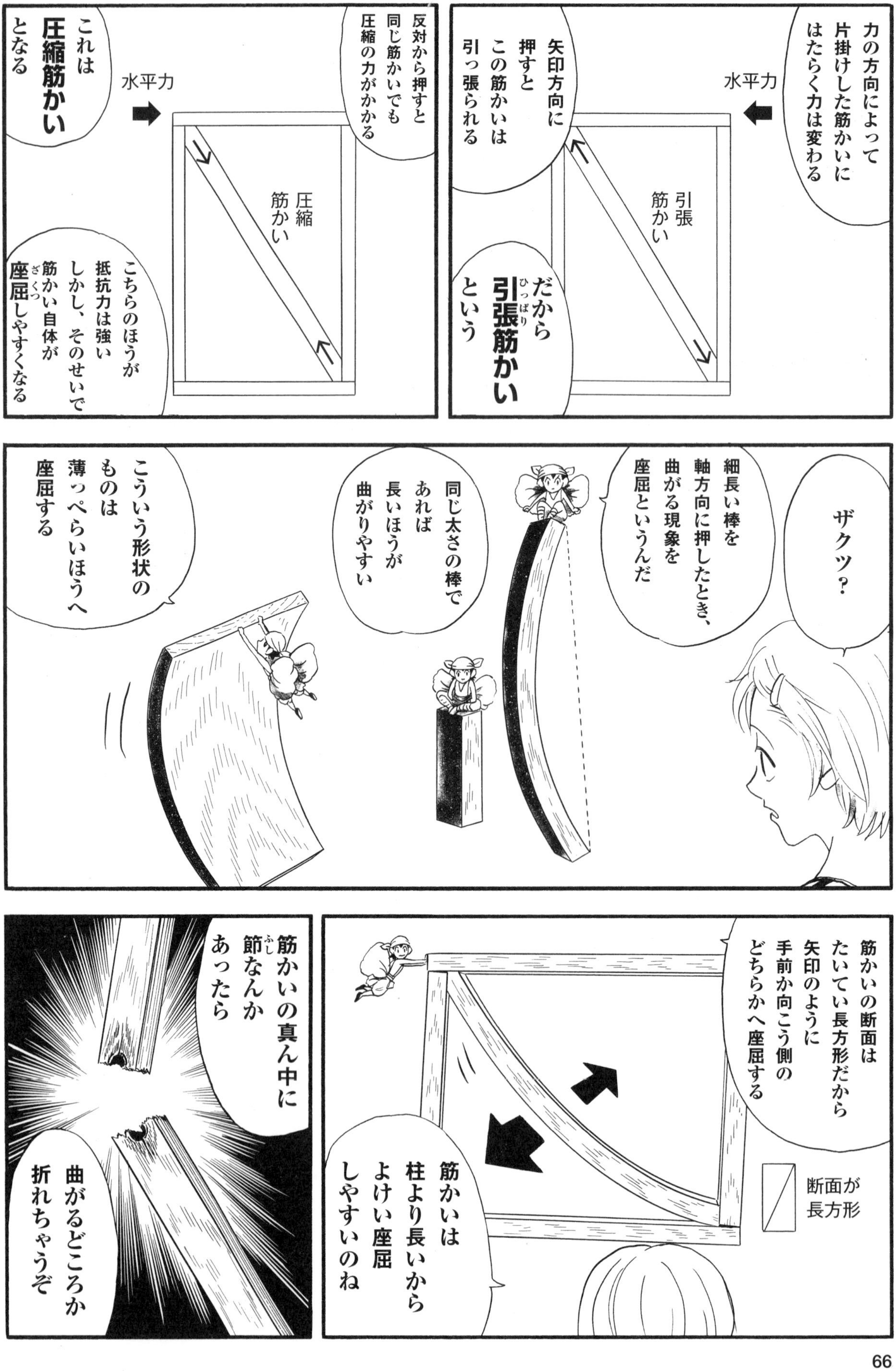
力の方向によって片掛けした筋かいにはたらく力は変わる
水平力
矢印方向に押すとこの筋かいは引っ張られる
引張筋かい
だから引張《ひっぱり》筋かいという
反対から押すと同じ筋かいでも圧縮の力がかかる
水平力
これは**圧縮筋かい**となる
圧縮筋かい
こちらのほうが抵抗力は強いしかし、そのせいで筋かい自体が座屈《ざくつ》しやすくなる
ザクツ？
細長い棒を軸方向に押したとき、曲がる現象を座屈というんだ
同じ太さの棒であれば長いほうが曲がりやすい
こういう形状のものは薄っぺらいほうへ座屈する
筋かいの断面はたいてい長方形だから矢印のように手前か向こう側のどちらかへ座屈する
断面が長方形
筋かいは柱より長いからよけい座屈しやすいのね
筋かいの真ん中に節《ふし》なんかあったら
曲がるどころか折れちゃうぞ

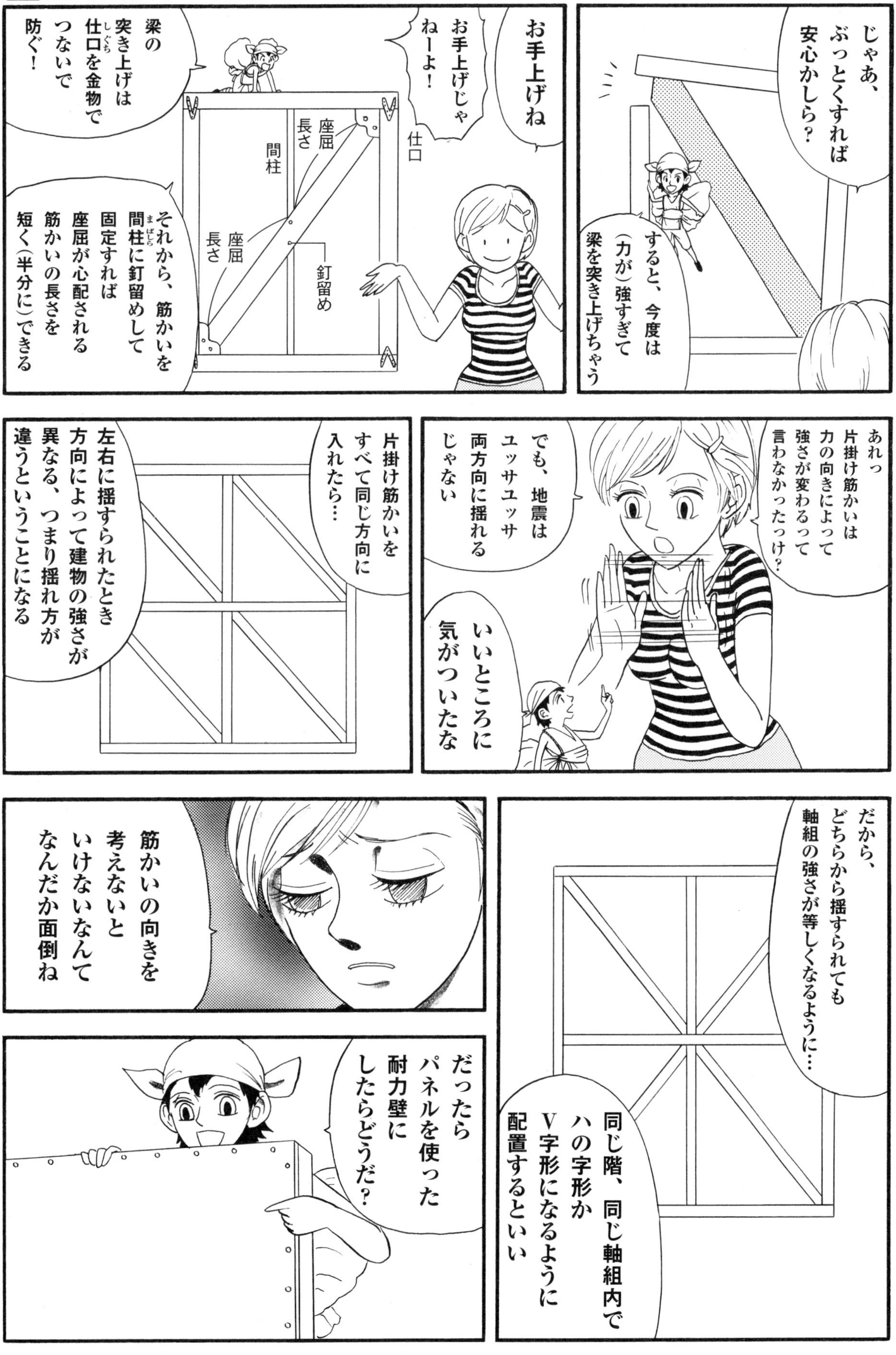
じゃあ、ぶっとくすれば安心かしら？
すると、今度は（力が）強すぎて梁を突き上げちゃう
お手上げね
お手上げじゃねーよ！
仕口
座屈長さ
間柱
釘留め
座屈長さ
梁の突き上げは仕口《しぐち》を金物でつないで防ぐ！
それから、筋かいを間柱《まばしら》に釘留めして固定すれば座屈が心配される筋かいの長さを短く（半分に）できる
あれっ片掛け筋かいは力の向きによって強さが変わるって言わなかったっけ？
でも、地震はユッサユッサ両方向に揺れるじゃない
いいところに気がついたな
片掛け筋かいをすべて同じ方向に入れたら…
左右に揺すられたとき方向によって建物の強さが異なる、つまり揺れ方が違うということになる
だから、どちらから揺すられても軸組の強さが等しくなるように…
同じ階、同じ軸組内でハの字形かV字形になるように配置するといい
筋かいの向きを考えないといけないなんてなんだか面倒ね
だったらパネルを使った耐力壁にしたらどうだ？

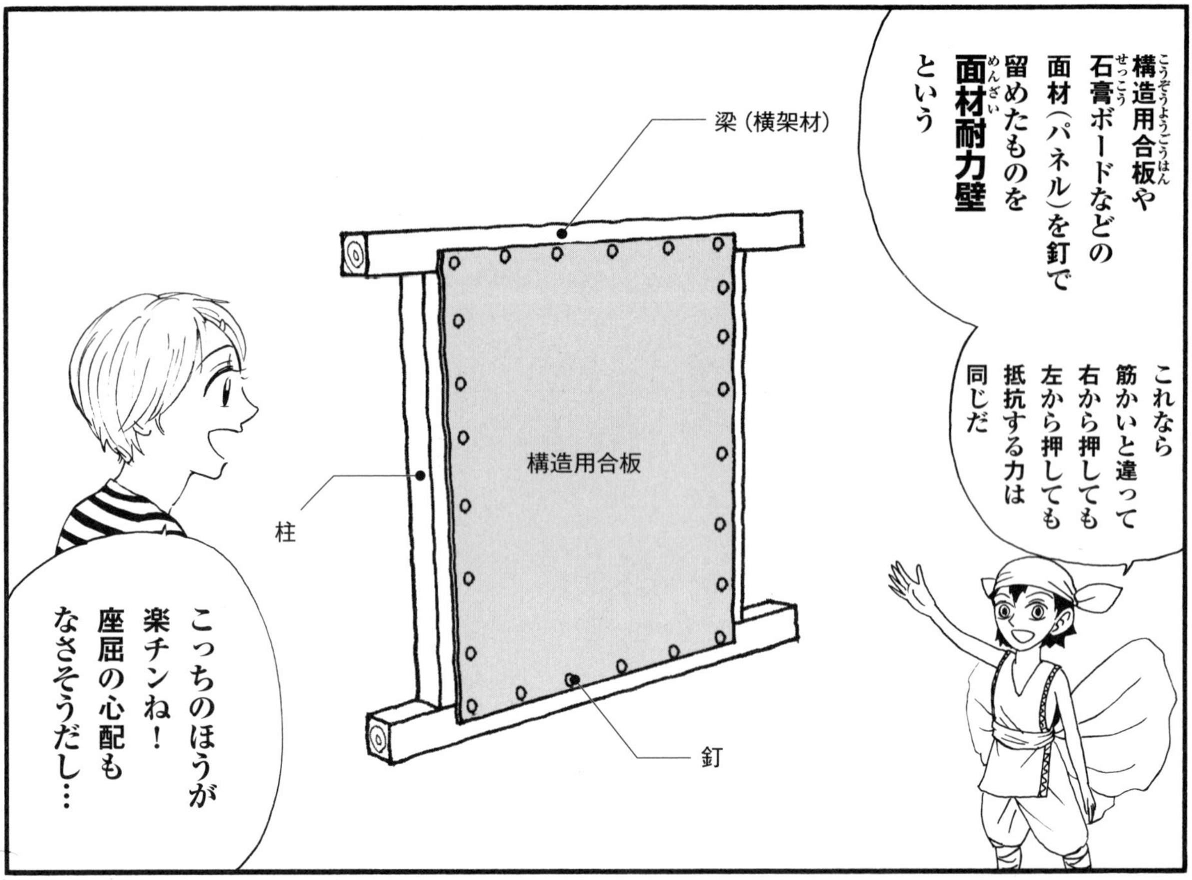
構造用合板《こうぞうようごうはん》や
石膏《せっこう》ボードなどの
面材（パネル）を釘で
留めたものを
面材《めんざい》耐力壁
という
これなら
筋かいと違って
右から押しても
左から押しても
抵抗する力は
同じだ
梁（横架材）
構造用合板
柱
釘
こっちのほうが
楽チンね！
座屈の心配も
なさそうだし…

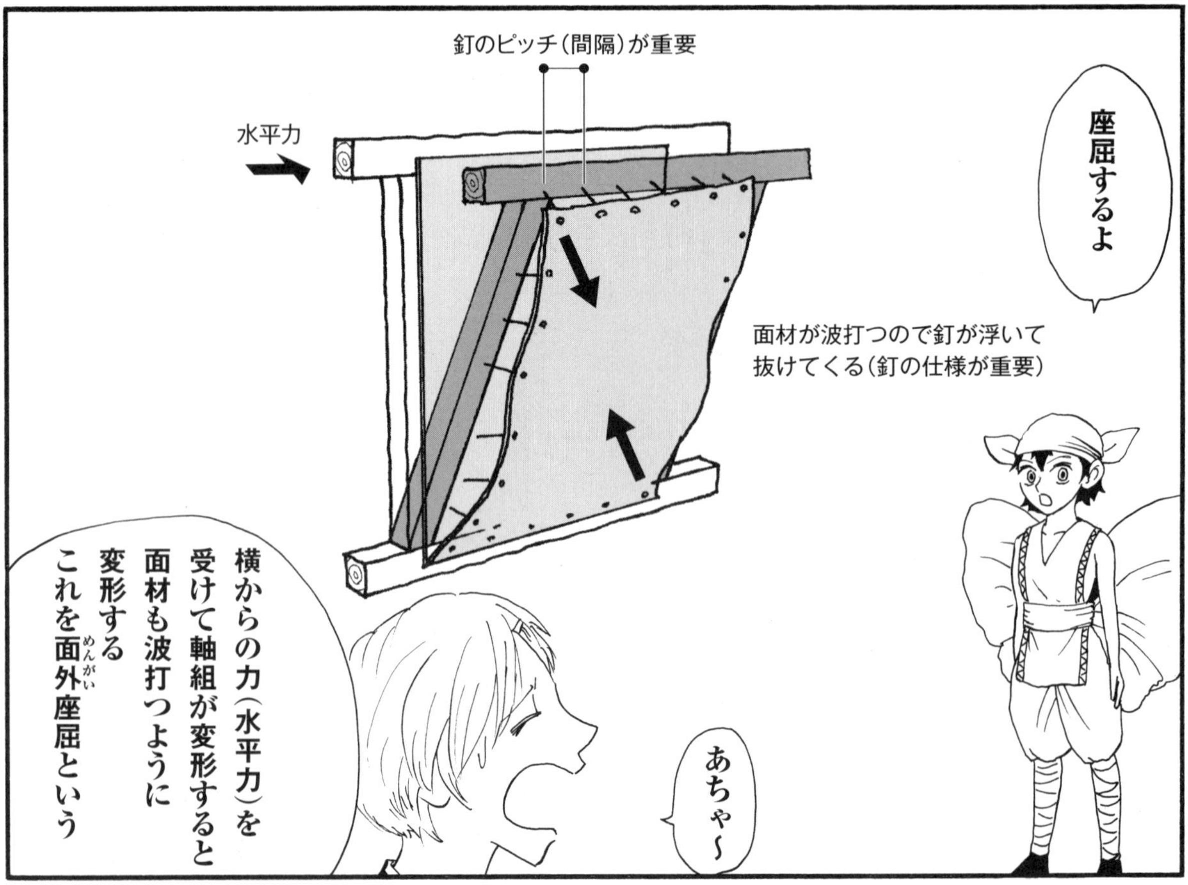
座屈するよ
釘のピッチ（間隔）が重要
水平力
面材が波打つので釘が浮いて
抜けてくる（釘の仕様が重要）
横からの力（水平力）を
受けて軸組が変形すると
面材も波打つように
変形する
これを面外《めんがい》座屈という
あちゃ〜

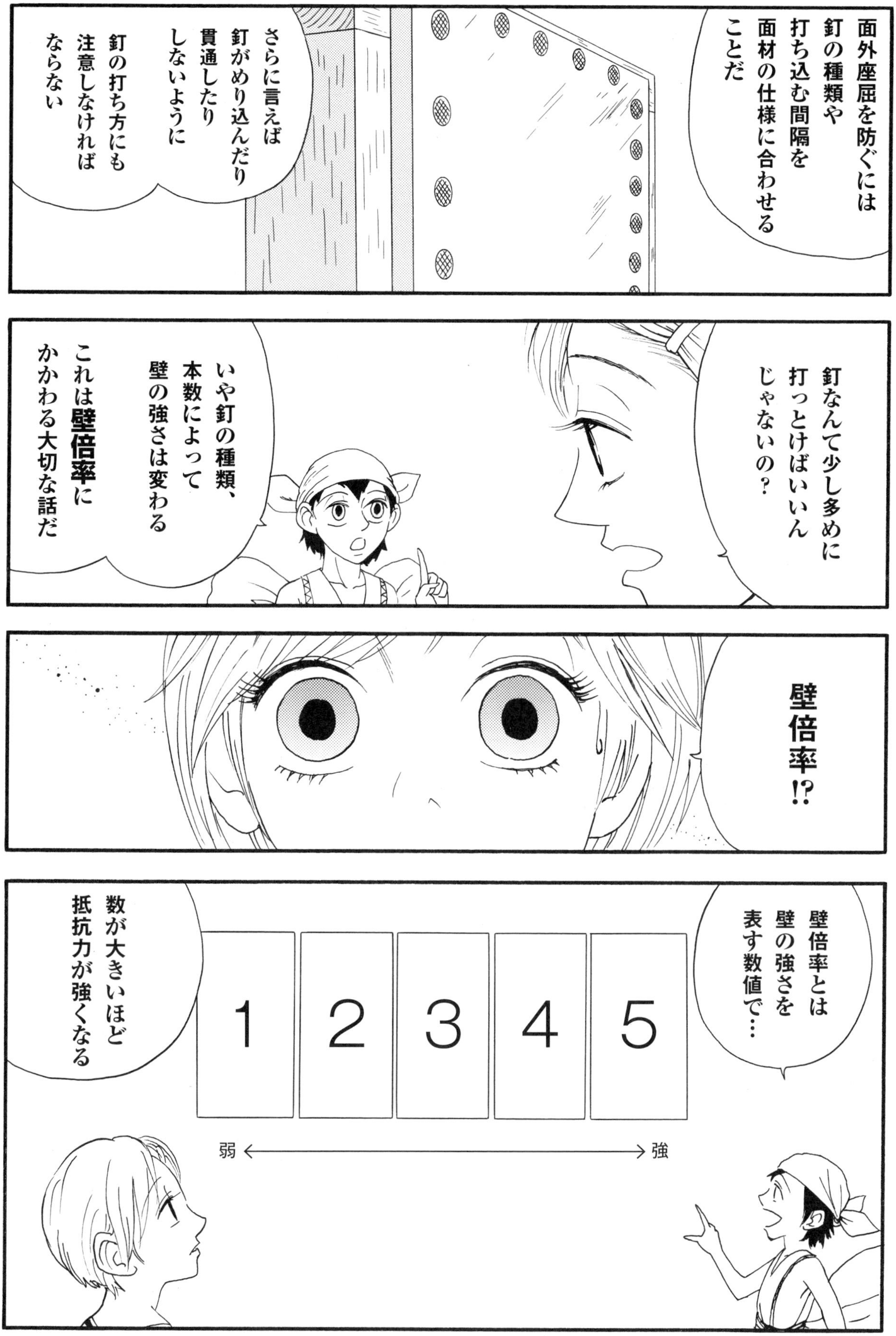
面外座屈を防ぐには釘の種類や打ち込む間隔を面材の仕様に合わせることだ
さらに言えば釘がめり込んだり貫通したりしないように釘の打ち方にも注意しなければならない
釘なんて少し多めに打っとけばいいんじゃないの？
いや釘の種類、本数によって壁の強さは変わる
これは**壁倍率**にかかわる大切な話だ
壁倍率!?
壁倍率とは壁の強さを表す数値で…
1
2
3
4
5
弱
強
数が大きいほど抵抗力が強くなる

壁倍率１の定義

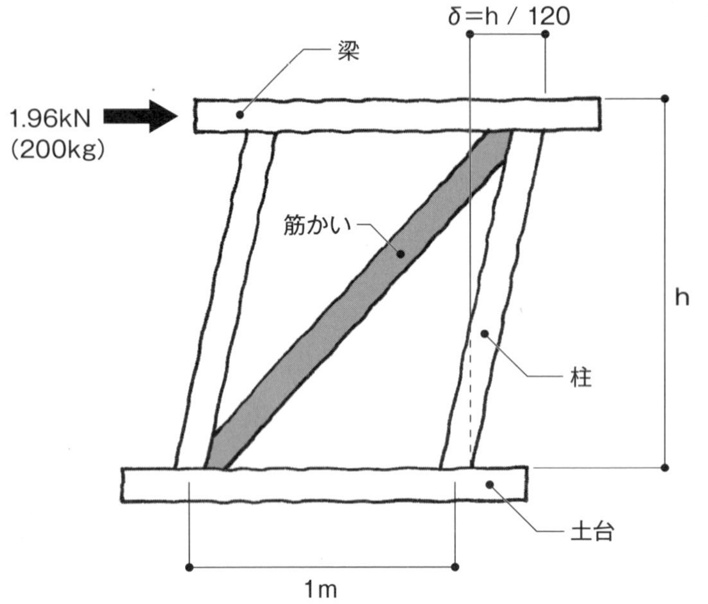

壁倍率１は
幅１メートルの壁に
１・９６kN《キロニュートン》（２００kg）の
水平力がはたらいたときに
変形する角度（層間変形角《そうかんへんけいかく》）が
１／１２０ラジアンになる
壁をいう

壁倍率1
→ P＝ 1.96kN、δ＝h / 120
（P＝ 水平力、δ＝ 変形量）

壁倍率２ → P＝3.92kN (400kg)
壁倍率３ → P＝5.88kN (600kg)
壁倍率４ → P＝7.84kN (800kg)
壁倍率５ → P＝9.80kN (1,000kg)

建築基準法では木造の接合方法を勘案して、壁倍率は5.0を上限としている

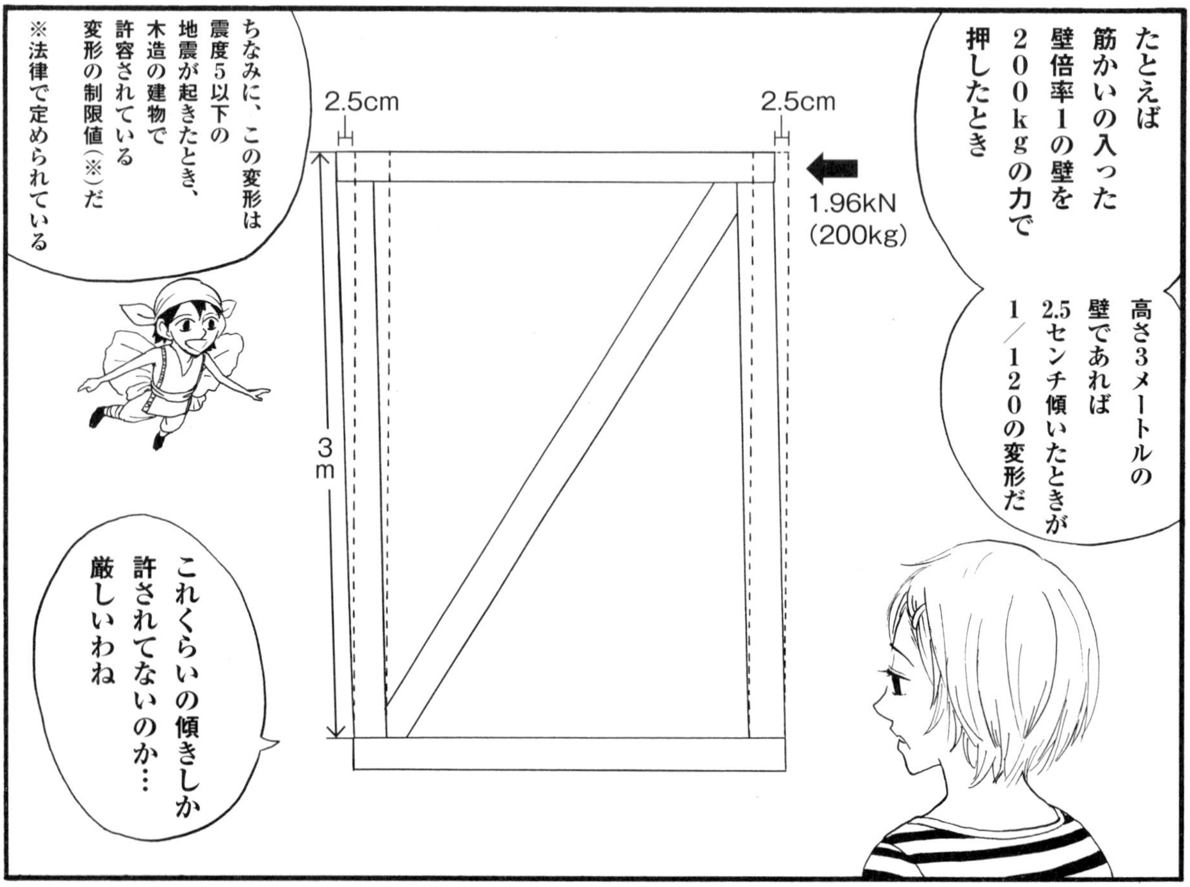

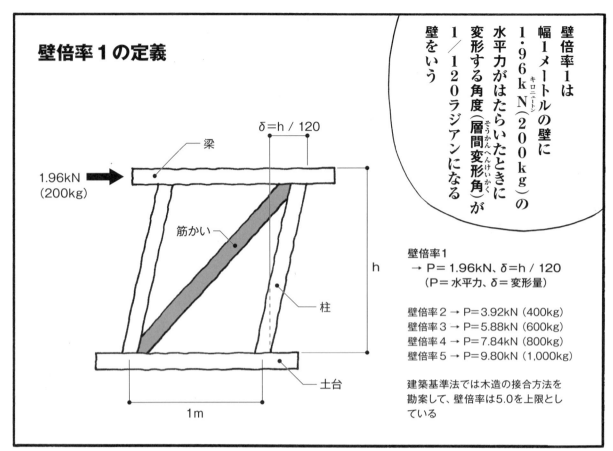

壁倍率一覧

●建築基準法施行令46条4項表1にあるもの

<table>
<tr><th colspan="2">軸組の種類</th><th>壁倍率</th></tr>
<tr><td>(1)</td><td>土塗壁または木摺その他これに類するものを柱および間柱の片面に打ち付けた壁を設けた軸組</td><td>0.5</td></tr>
<tr><td rowspan="2">(2)</td><td>木摺その他これに類するものを柱および間柱の両面に打ち付けた壁を設けた軸組</td><td rowspan="2">1.0</td></tr>
<tr><td>15×90㎜以上の木材もしくはφ9以上の鉄筋の筋かいを入れた軸組</td></tr>
<tr><td>(3)</td><td>30×90㎜以上の木材の筋かいを入れた軸組</td><td>1.5</td></tr>
<tr><td>(4)</td><td>45×90㎜以上の木材の筋かいを入れた軸組</td><td>2.0</td></tr>
<tr><td>(5)</td><td>90×90㎜以上の木材の筋かいを入れた軸組</td><td>3.0</td></tr>
<tr><td>(6)</td><td>(2)～(4)に掲げる筋かいをたすき掛けに入れた軸組</td><td>各数値の2倍</td></tr>
<tr><td>(7)</td><td>(5)に掲げる筋かいをたすき掛けに入れた軸組</td><td>5.0</td></tr>
<tr><td>(8)</td><td>その他(1)～(7)に掲げる軸組と同等以上の耐力を有するものとして国土交通大臣が定めた構造方法を用いるもの、または国土交通大臣の認定を受けたもの</td><td>0.5～5.0の範囲内において国土交通大臣が定める数値</td></tr>
<tr><td>(9)</td><td>(1)または(2)に掲げる壁と(2)～(6)に掲げる筋かいとを併用した軸組</td><td>(1)または(2)の各数値と(2)～(6)の各数値との和</td></tr>
</table>

●昭和56年建設省告示1100号にあるもの(抜粋)

大壁造　直張りタイプ

<table>
<tr><th></th><th>材料</th><th>厚さ</th><th>釘</th><th>釘間隔</th><th>壁倍率</th></tr>
<tr><td>1</td><td>構造用パーティクルボード
構造用MDF</td><td>ー</td><td>N50</td><td rowspan="3">外周75㎜以下
ほか150㎜以下</td><td>4.3</td></tr>
<tr><td>2</td><td>構造用合板
または化粧張り構造用合板</td><td>9㎜以上</td><td>CN50</td><td>3.7</td></tr>
<tr><td>3</td><td>構造用パネル</td><td>9㎜以上</td><td>N50</td><td>3.7</td></tr>
<tr><td>4</td><td>構造用合板
または化粧張り構造用合板</td><td>5㎜以上(※)</td><td rowspan="4">N50</td><td rowspan="4">150㎜以下</td><td>2.5</td></tr>
<tr><td>5</td><td>パーティクルボード
構造用パーティクルボード
構造用MDF
構造用パネル</td><td>12㎜以上
(パーティクルボードのみ)</td><td>2.5</td></tr>
<tr><td>6</td><td>ハードボード450、350</td><td>5㎜以上</td><td>2.0</td></tr>
<tr><td>7</td><td>硬質木片セメント板0.9c</td><td>12㎜以上</td><td>2.0</td></tr>
<tr><td>8</td><td>炭酸マグネシウム板</td><td>12㎜以上</td><td rowspan="5">GNF40
GNC40</td><td rowspan="5">150㎜以下</td><td>2.0</td></tr>
<tr><td>9</td><td>パルプセメント板</td><td>8㎜以上</td><td>1.5</td></tr>
<tr><td>10</td><td>構造用石膏ボードA種</td><td>12㎜以上</td><td>1.7</td></tr>
<tr><td>11</td><td>構造用石膏ボードB種</td><td>12㎜以上</td><td>1.2</td></tr>
<tr><td>12</td><td>石膏ボード
強化石膏ボード</td><td>12㎜以上</td><td>0.9</td></tr>
<tr><td>13</td><td>シージングボード</td><td>12㎜以上</td><td>SN40</td><td>外周100㎜以下
ほか200㎜以下</td><td>1.0</td></tr>
<tr><td>14</td><td>ラスシート　角波亜鉛鉄板
メタルラス</td><td>0.4㎜以上
0.6㎜以上</td><td>N38</td><td>150㎜以下</td><td>1.0</td></tr>
</table>

※ 屋外壁などに用いる場合は、安全上必要な耐候措置を講じた場合を除き、7.5㎜以上とする

壁倍率は耐力壁の仕様に
応じて建築基準法施行令
および告示で数値が
定められています

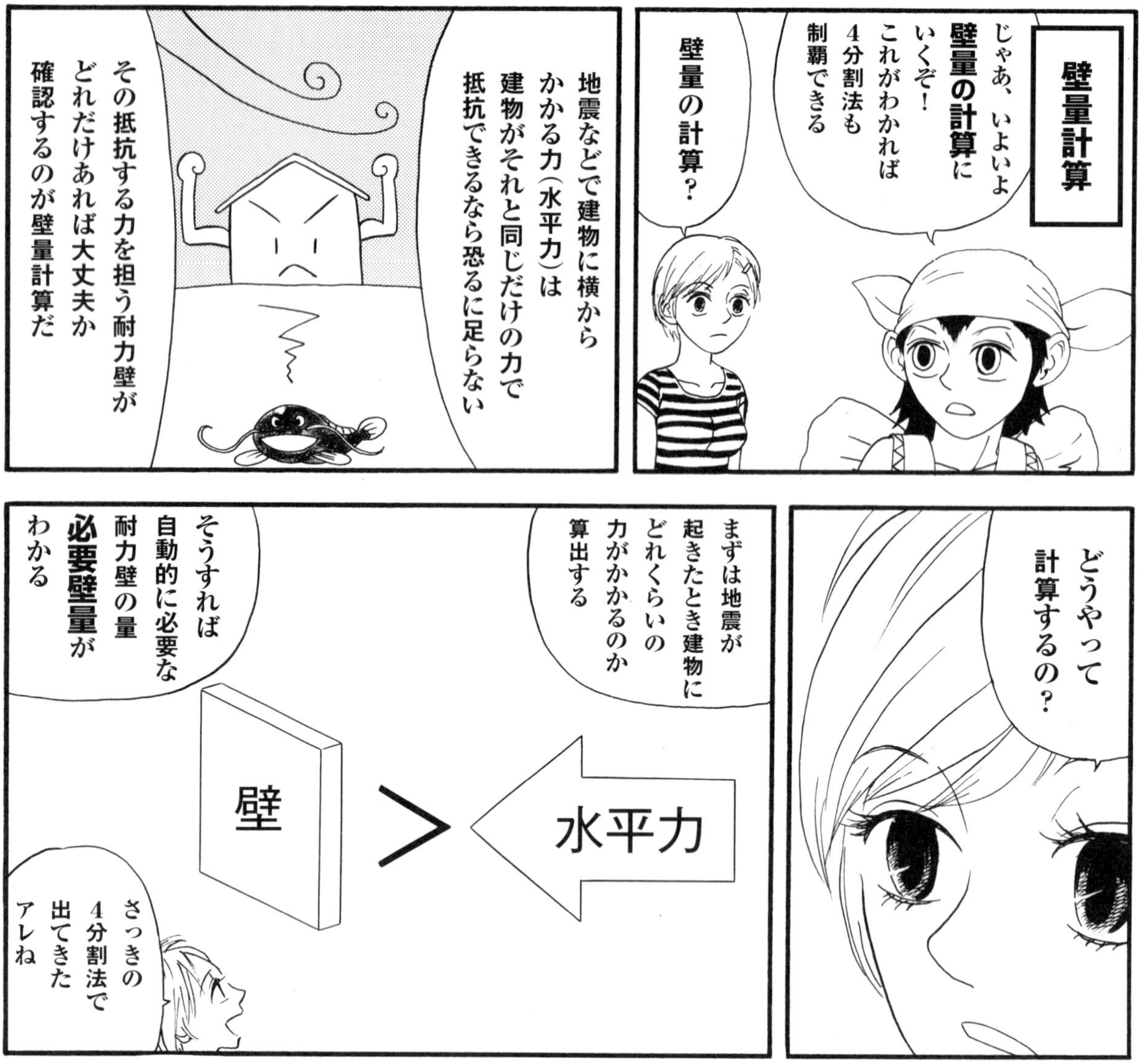

耐力壁は水平力（地震、風）に抵抗する

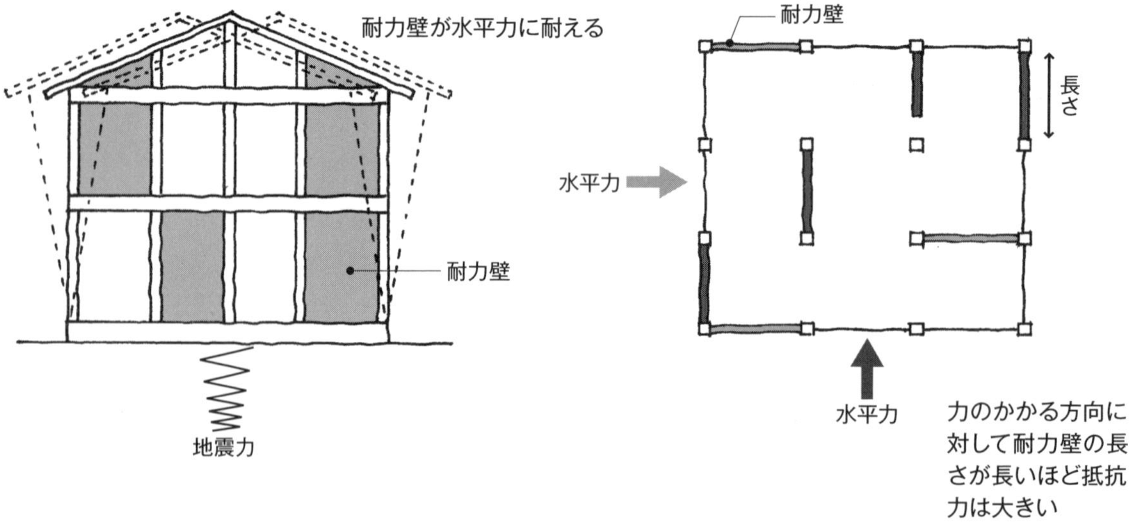

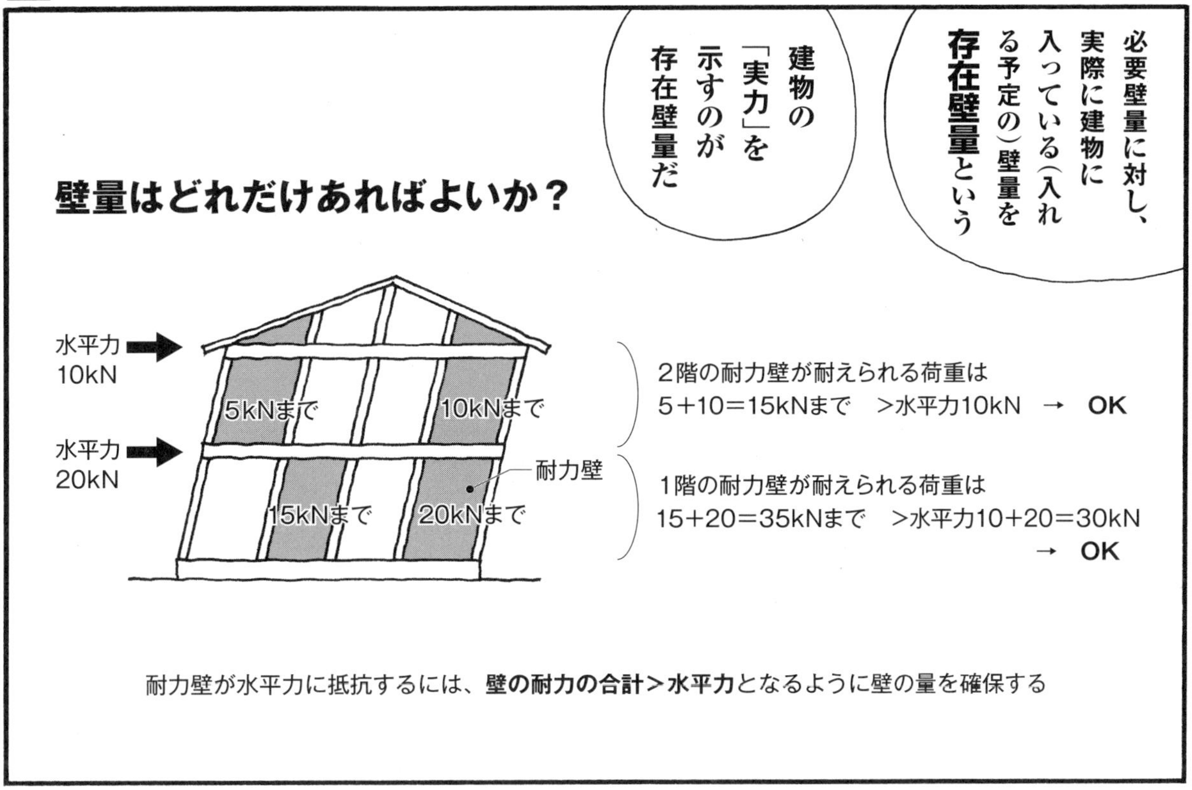

必要壁量に対し、実際に建物に入っている（入れる予定の）壁量を**存在壁量**という
建物の「実力」を示すのが存在壁量だ
壁量はどれだけあればよいか？
水平力 10kN
水平力 20kN
5kNまで
10kNまで
15kNまで
20kNまで
耐力壁
2階の耐力壁が耐えられる荷重は
5＋10＝15kNまで　>水平力10kN　→　OK
1階の耐力壁が耐えられる荷重は
15＋20＝35kNまで　>水平力10＋20＝30kN　→　OK
耐力壁が水平力に抵抗するには、**壁の耐力の合計＞水平力**となるように壁の量を確保する

つまり必要壁量より存在壁量のほうが多ければ…
建物は壊れないってことだ
その前に、建物にかかる力ってどうやって求めるの？

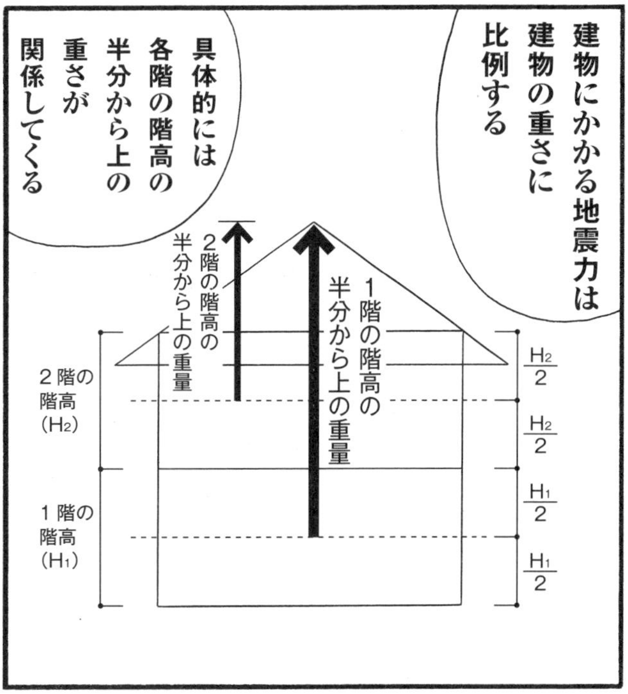

建物にかかる**地震力**は建物の重さに比例する
具体的には各階の階高の半分から上の重さが関係してくる
2階の階高の半分から上の重量
1階の階高の半分から上の重量
2階の階高（H_2）
1階の階高（H_1）
$\frac{H_2}{2}$
$\frac{H_2}{2}$
$\frac{H_1}{2}$
$\frac{H_1}{2}$

じゃあ2階の場合は天井からここまでの重さ？
違う屋根まで全部入る

各階の耐力壁が負担する荷重

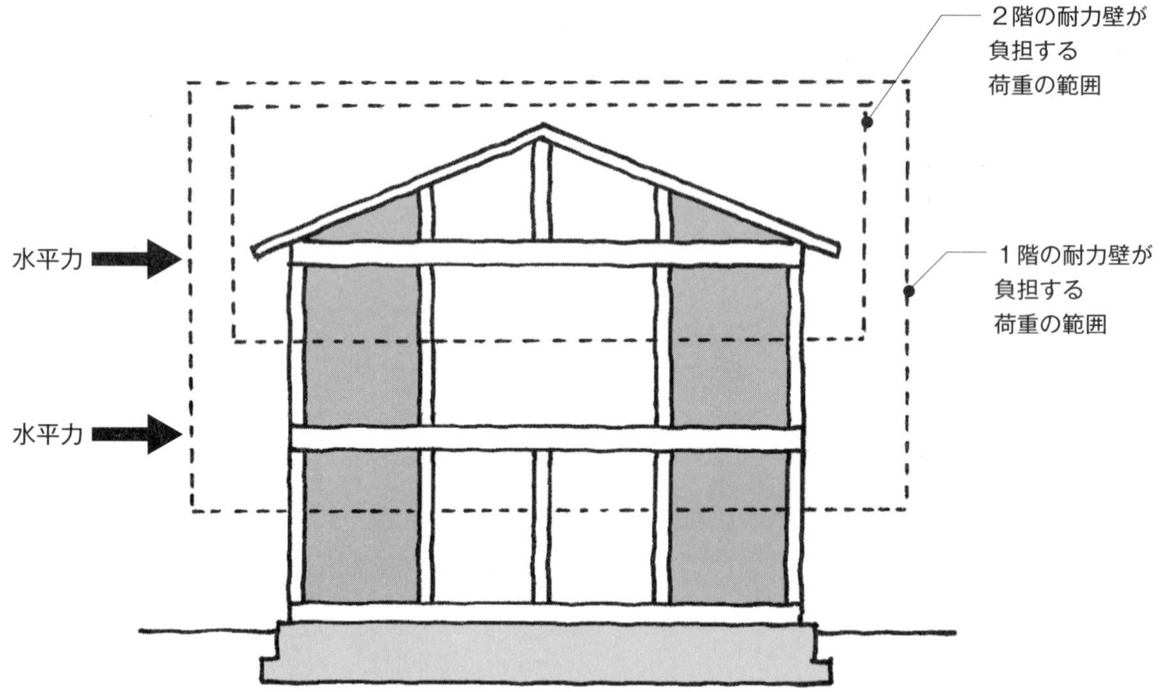

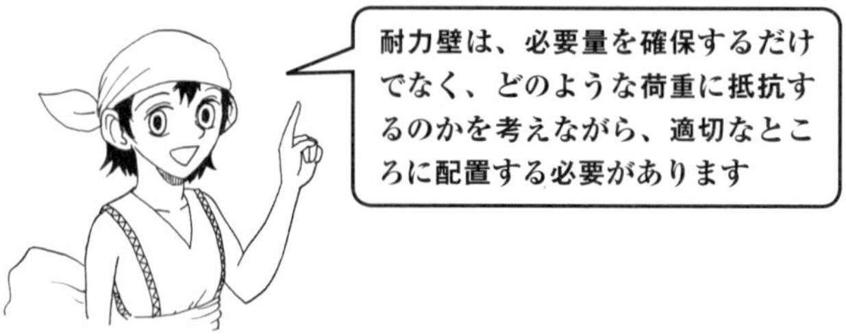

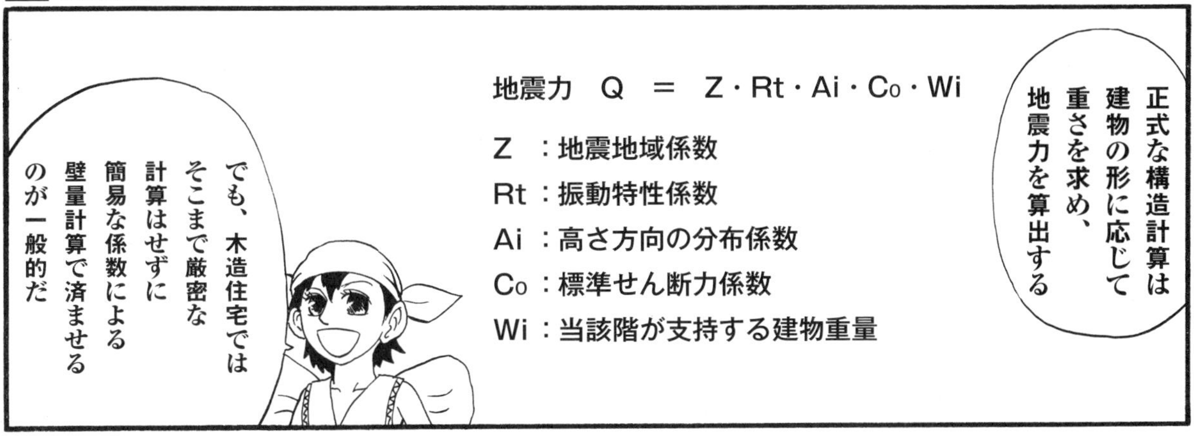

地震力に対する必要壁量を導き出す係数

建築基準法施行令46条４項に定める必要壁量

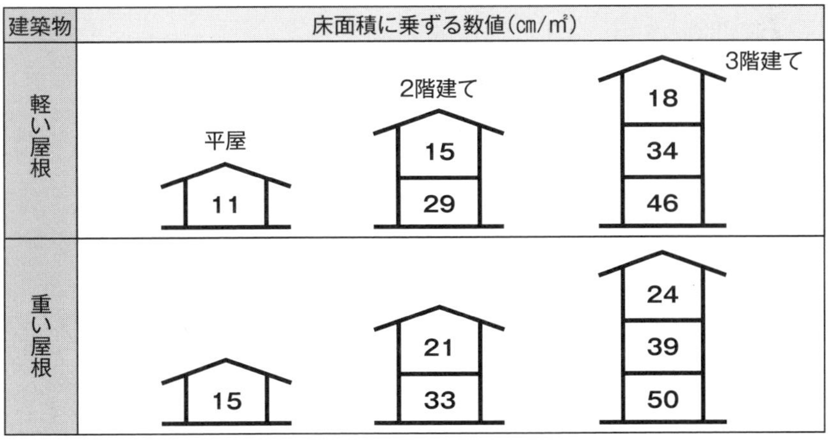

注　特定行政庁が指定する地盤が著しく軟弱な区域においては、上記の1.5倍とする

そういうことか
なんとなくわかったわ じゃあ、もう一回 4分割法の計算に チャレンジしてみる
ちょっと待った!
まだ風の計算が残っている
風の計算?
ヒュー
壁量は地震力だけでなく風圧力に対しても十分足りている必要がある
ビュー!!
地震力と風圧力を計算して大きいほうを建物に必要な壁量として採用するんだ
建物の〝敵〟は地震だけじゃなかったのね

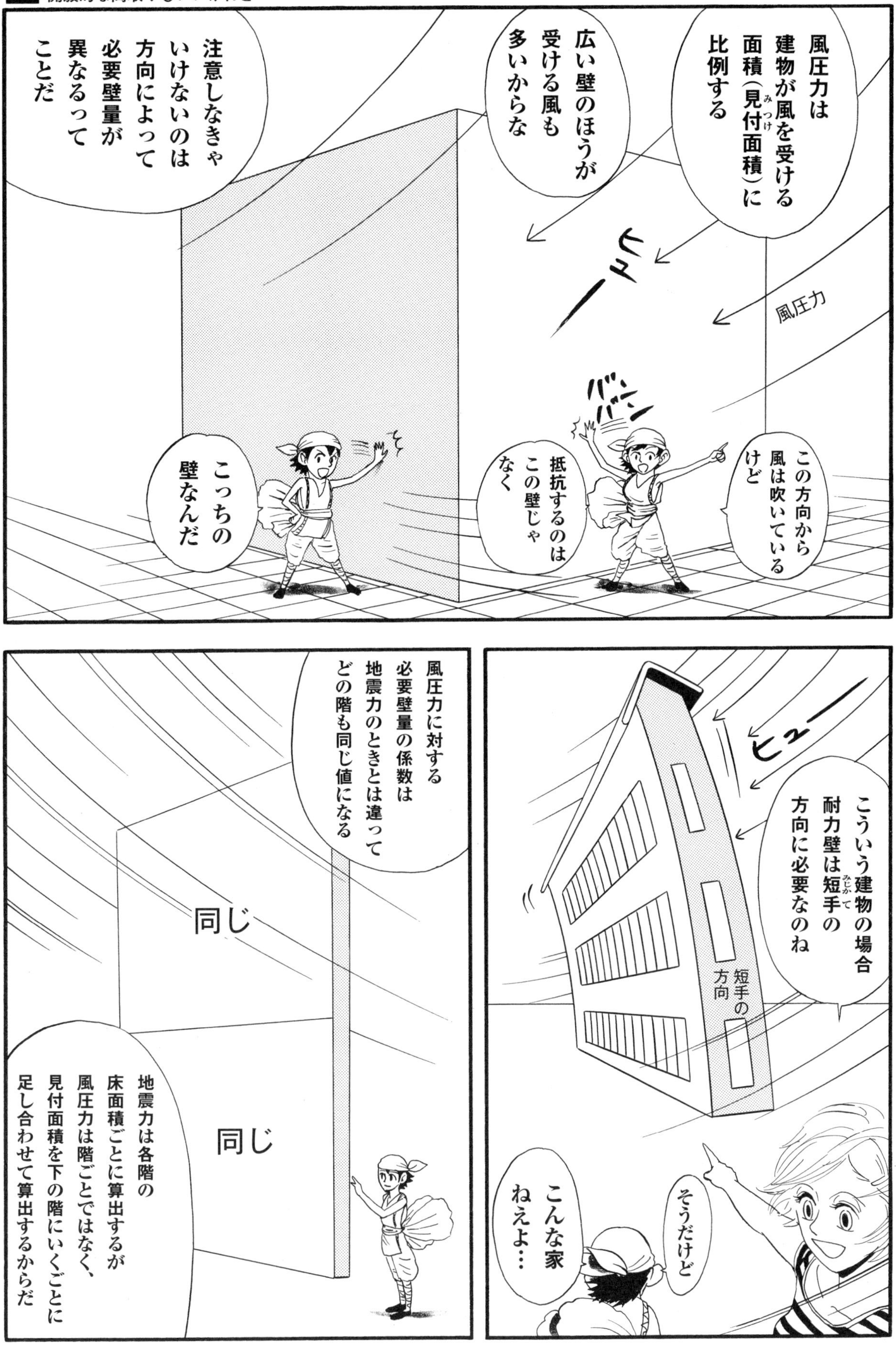
風圧力は建物が風を受ける面積（見付《みつけ》面積）に比例する
広い壁のほうが受ける風も多いからな
注意しなきゃいけないのは方向によって必要壁量が異なるってことだ
ヒュー
風圧力
バンバン
この方向から風は吹いているけど
抵抗するのはこの壁じゃなく
こっちの壁なんだ
ヒュー
こういう建物の場合耐力壁は短手《みじかて》の方向に必要なのね
短手の方向
そうだけど
こんな家ねえよ…
風圧力に対する必要壁量の係数は地震力のときとは違ってどの階も同じ値になる
同じ
同じ
地震力は各階の床面積ごとに算出するが風圧力は階ごとではなく、見付面積を下の階にいくごとに足し合わせて算出するからだ

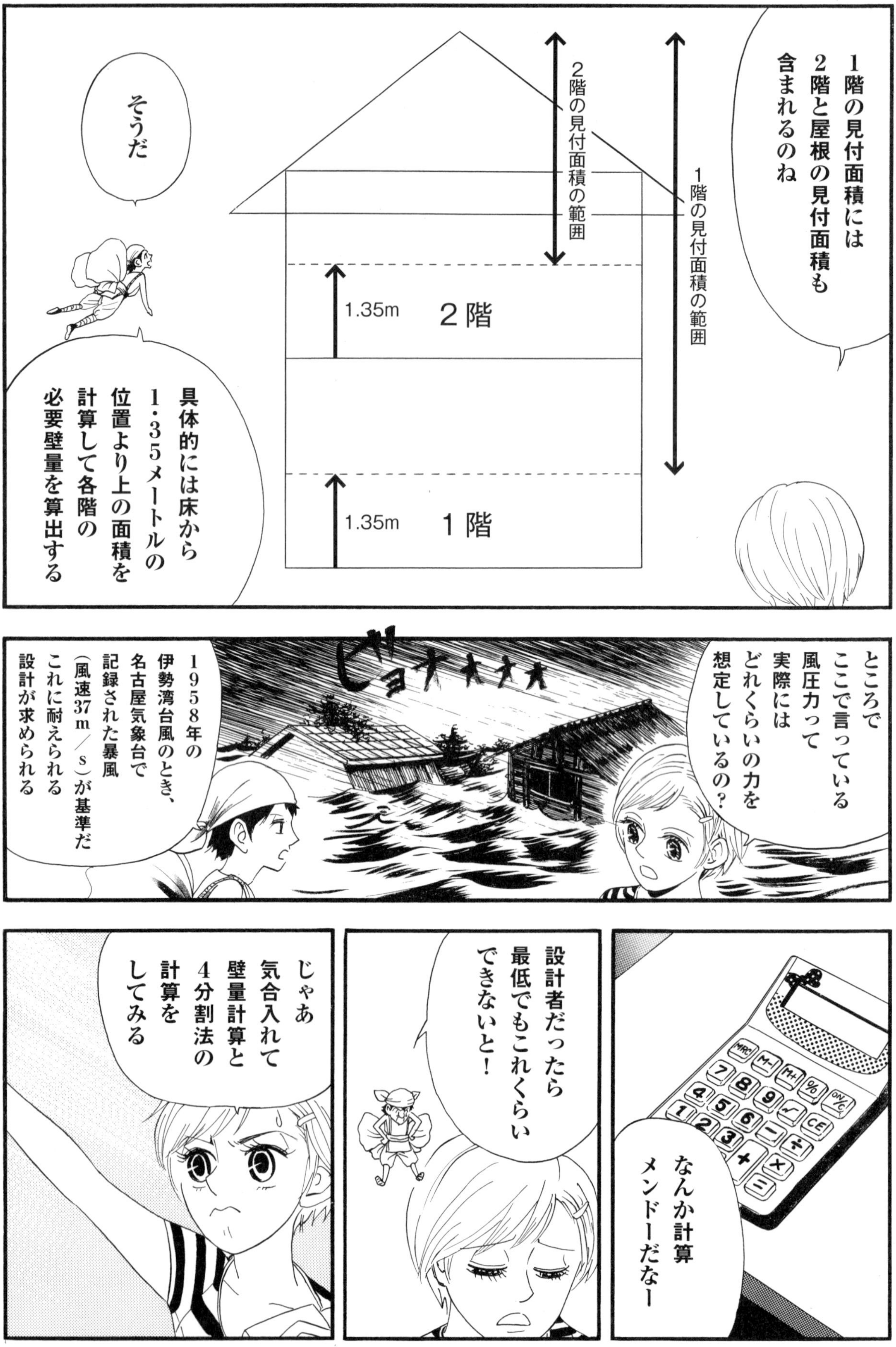
1階の見付面積には2階と屋根の見付面積も含まれるのね
2階の見付面積の範囲
1階の見付面積の範囲
1.35m
2階
1.35m
1階
そうだ
具体的には床から1・35メートルの位置より上の面積を計算して各階の必要壁量を算出する
ところでここで言っている風圧力って実際にはどれくらいの力を想定しているの?
ビョオオオオ
1958年の伊勢湾台風のとき、名古屋気象台で記録された暴風（風速37m／s）が基準だこれに耐えられる設計が求められる
なんか計算メンドーだなー
設計者だったら最低でもこれくらいできないと!
じゃあ気合入れて壁量計算と4分割法の計算をしてみる

風圧力に対する必要壁量を導き出す係数

建築基準法施行令46条4項に定める必要壁量

	区　域	見付面積に乗ずる数値　cm／㎡
(1)	一般区域	50
(2)	特定行政庁が指定する区域	特定行政庁が定める数値（50を超え75以下）

見付面積の算定方法

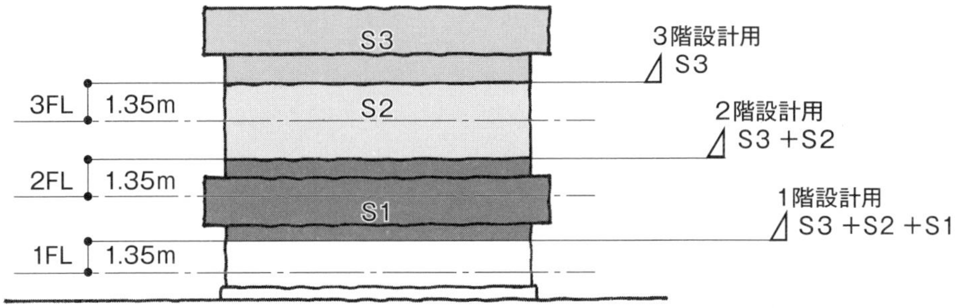

各FL（フロアライン）から1.35m上がったところで階を区切り、それぞれの見付面積を算定する。
72頁の図にあるように、各階の耐力壁が負担する水平力はその階の中間より上となるので、
　2階は　S3+S2
　1階は　S3+S2+S1　ということになる

4分割法のおさらい

壁を釣合いよく配置する規定（告示1352号）……各階各方向について、建物の長さを1／4分割した部分（側端部分）の壁量充足率および壁率比を検討する

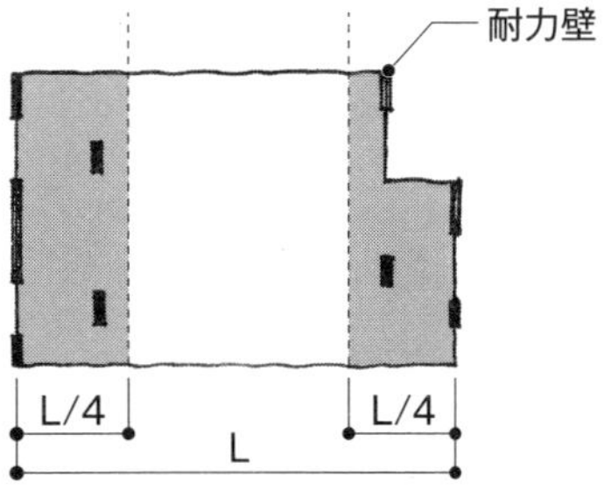

①存在壁量と必要壁量の算定

存在壁量：側端部分（グレーの部分）に
　　　　　存在する耐力壁の長さ × 壁倍率
必要壁量：側端部分（グレーの部分）の
　　　　　床面積 ×（地震力に対する）必要壁量の係数

②壁量充足率の算定

$$\text{壁量充足率} = \frac{\text{存在壁量}}{\text{必要壁量}}$$

壁量充足率が両端とも1を超える場合は壁率比のチェックは不要

③壁率比のチェック

$$\text{壁率比} = \frac{\text{壁量充足率（小さい数値のほう）}}{\text{壁量充足率（大きい数値のほう）}} \geqq 0.5$$

注　セットバックしている場合

$_1A_U$：平屋として充足率を求める
$_1A_D$：2階建ての1階として充足率を求める
・分割した範囲がすべて平屋であれば、
　必要壁量は平屋としてよい

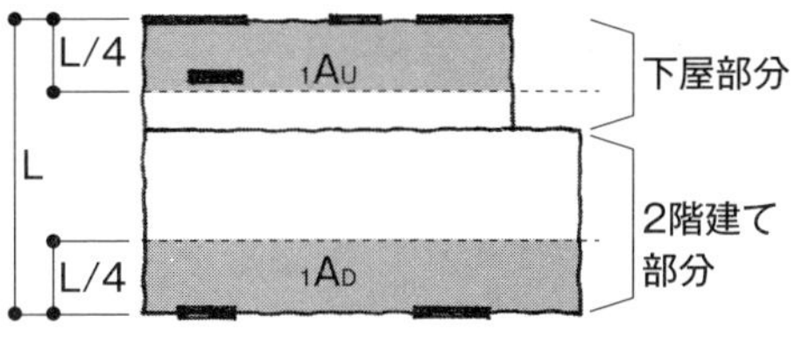

2階

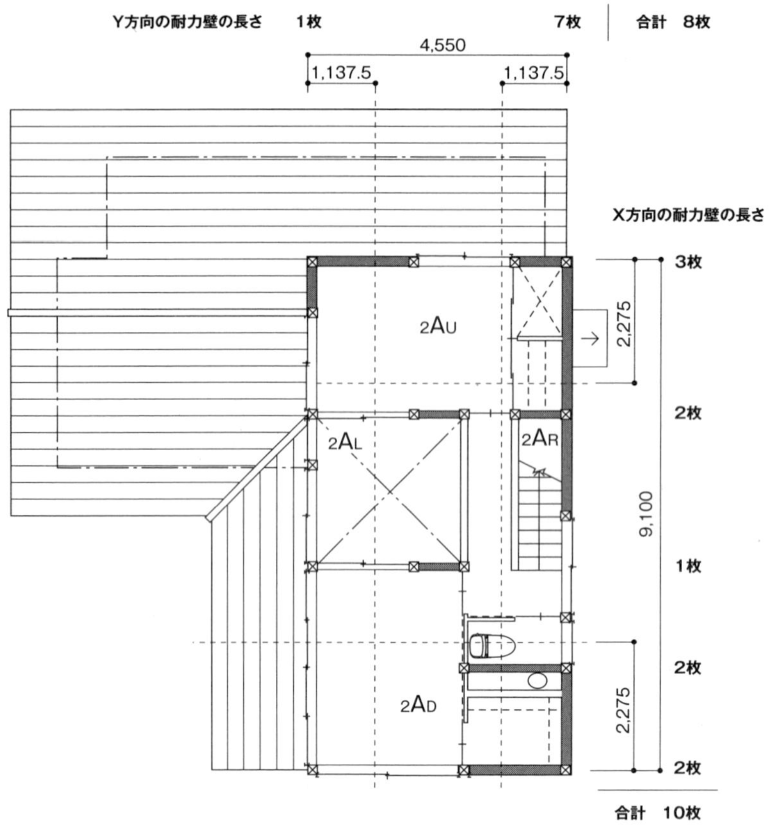

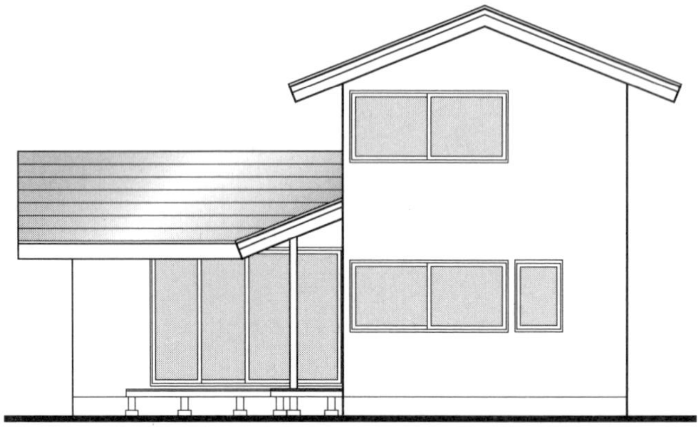

東立面図

●4分割法による耐力壁配置の検討

	床面積	必要壁量（長さ）①	存在壁量（長さ）②	壁量充足率②/①	壁率比	判定
1階	$_1A_U$=9.100×2.730=24.84㎡ $_1A_D$=4.550×2.730=12.42㎡	×0.29=7.20m ×0.29=3.60m	2.0×0.91×11=20.02m 2.0×0.91×1=1.82m	2.78>1.0 **0.50<1.0**	0.18<0.5	NG
	$_1A_L$=2.275×5.460=12.42㎡ $_1A_R$=2.275×10.920=24.84㎡	×0.11=1.37m ×0.29=7.20m	2.0×0.91×2=3.64m 2.0×0.91×8=14.56m	2.66>1.0 2.02>1.0		OK
2階	$_2A_U$=4.550×2.275=10.35㎡ $_2A_D$=4.550×2.275=10.35㎡	×0.15=1.55m ×0.15=1.55m	2.0×0.91×3=5.46m 2.0×0.91×4=7.28m	3.52>1.0 4.70>1.0		OK
	$_2A_L$=1.1375×9.100=10.35㎡ $_2A_R$=1.1375×9.100=10.35㎡	×0.15=1.55m ×0.15=1.55m	2.0×0.91×1=1.82m 2.0×0.91×7=12.74m	1.17>1.0 8.22>1.0		OK

1 階

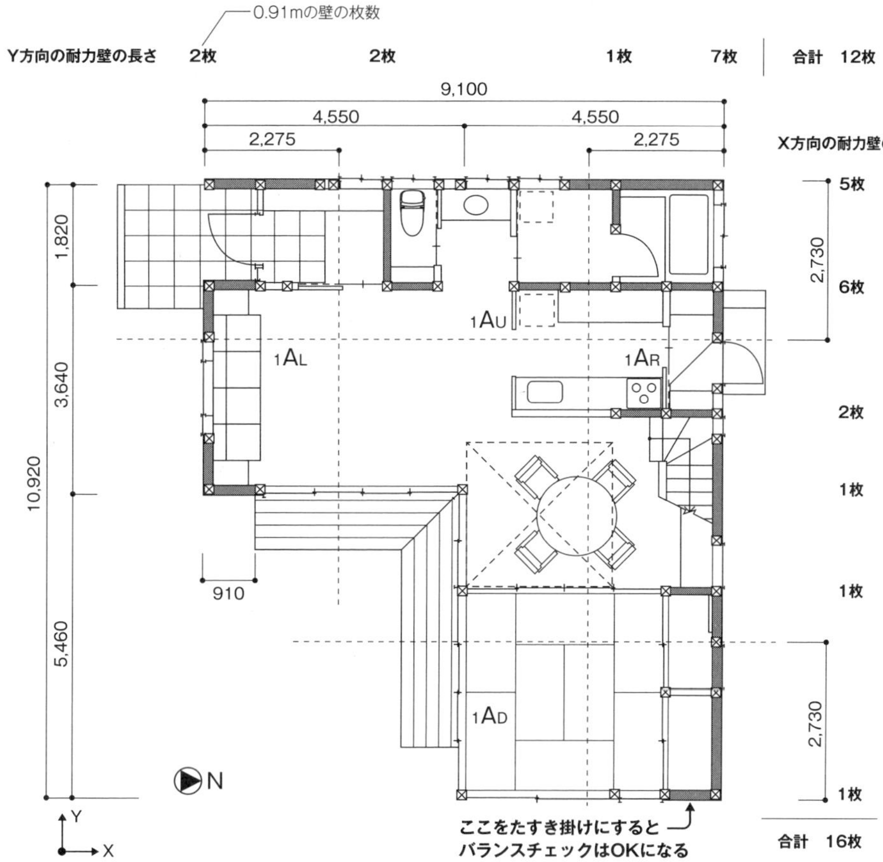
0.91mの壁の枚数
Y方向の耐力壁の長さ
2枚
2枚
1枚
7枚
合計　12枚
9,100
4,550
4,550
2,275
2,275
X方向の耐力壁の長さ
5枚
6枚
2枚
1枚
1枚
1枚
合計　16枚
2,730
2,730
1,820
3,640
10,920
5,460
910
1AU
1AL
1AR
1AD
N
Y
X
ここをたすき掛けにすると
バランスチェックはOKになる

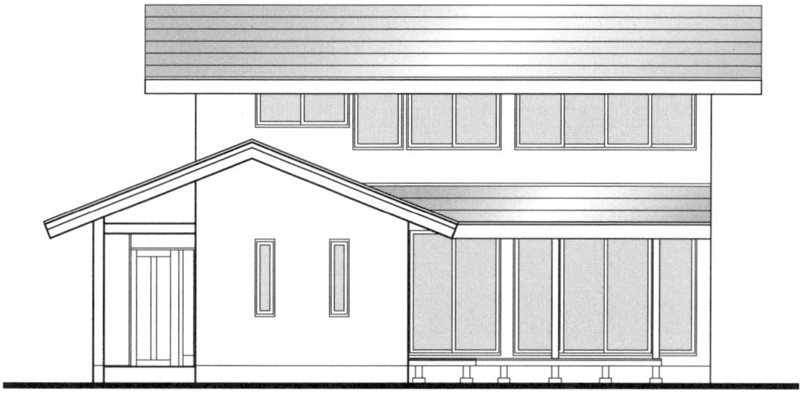

南立面図

組子の設計した住宅

（第1案）

構造	木造軸組構法
屋根	ガルバリウム鋼板

：耐力壁
45×90㎜の片掛け筋かい
（壁倍率2.0）

●全体の壁量の検討（ここでは地震力についてのみ例を示す）

1階

床 面 積：9.100×10.920－4.550×5.460＝74.53㎡

必要壁量：74.53×0.29（係数）＝21.6m

存在壁量：x方向 2.0（壁倍率）×0.91m（耐力壁の長さ）×16枚＝29.12m＞21.6m OK
y方向 2.0（壁倍率）×0.91m（耐力壁の長さ）×12枚＝21.84m＞21.6m OK

2階

床 面 積：4.550×9.100＝41.41㎡

必要壁量：41.41×0.15＝6.2m

存在壁量：x方向 2.0×0.91m×10枚＝18.20m＞6.2m OK
y方向 2.0×0.91m×8枚　＝14.56m＞6.2m OK

1階東側の面に
たすき掛けの
筋かいを入れて
全体のバランスも
考えて…
無事に壁が入ったわ！
バンザーイ
うん
これなら
いいだろう
ふぅ…
カランッ
木工用
トンッ
トンッ

チータ
おう… おまえ昨日《きのう》どうしたんだよ
昨日？ 何のこと バリバリ 働いてたわよ
それより ジャーン これ見てよ
ったく 仕事のしすぎで 忘れてたのかよ 相変わらずだな
どうよ 壁のバランス カンペキ でしょ？
おう ちゃんと つくってある みたいだな
ただ、模型なら これでもいいが 図面にはちゃんと 接合部の金物を 指示しとけよ
金物の指示？

こうやって指で押すと
グイ
バキ
あっ壊したっ
壊れるってことは接合が甘いってことだ
もー、何で壊すのよせっかくつくったのに
モゴモゴ
ボンドボンド
その接着剤が現実には接合金物になるんだ
ズシッ
木工用ボンド
そうか…コウゾウが言ってた話はこれのことか
耐力壁に水平力がかかると筋かいの突き上げで柱や梁が抜けるのは知っているだろ？
いくら強い壁をつくってもこれでは意味がない
強い壁であるほど大きな力を受けることになるから接合部もしっかりさせなくてはいけないんだ
梁
柱
水平力
筋かい
接合部

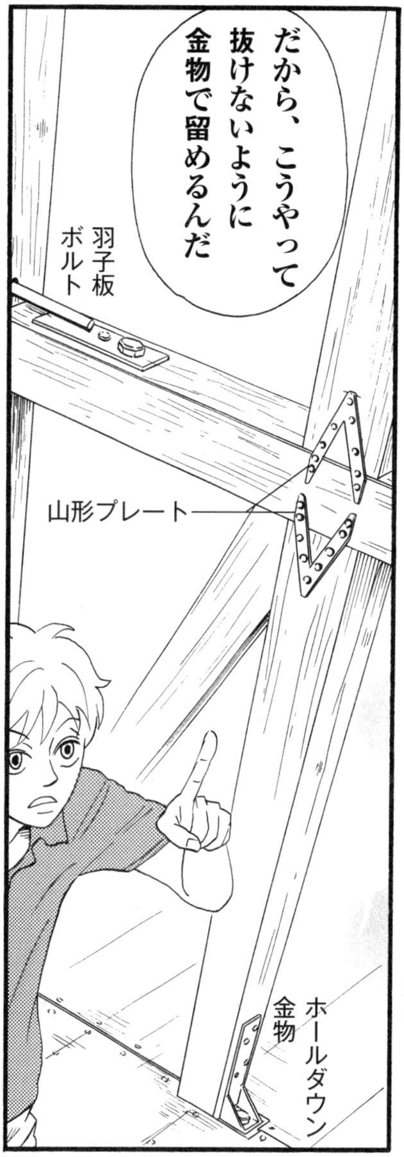

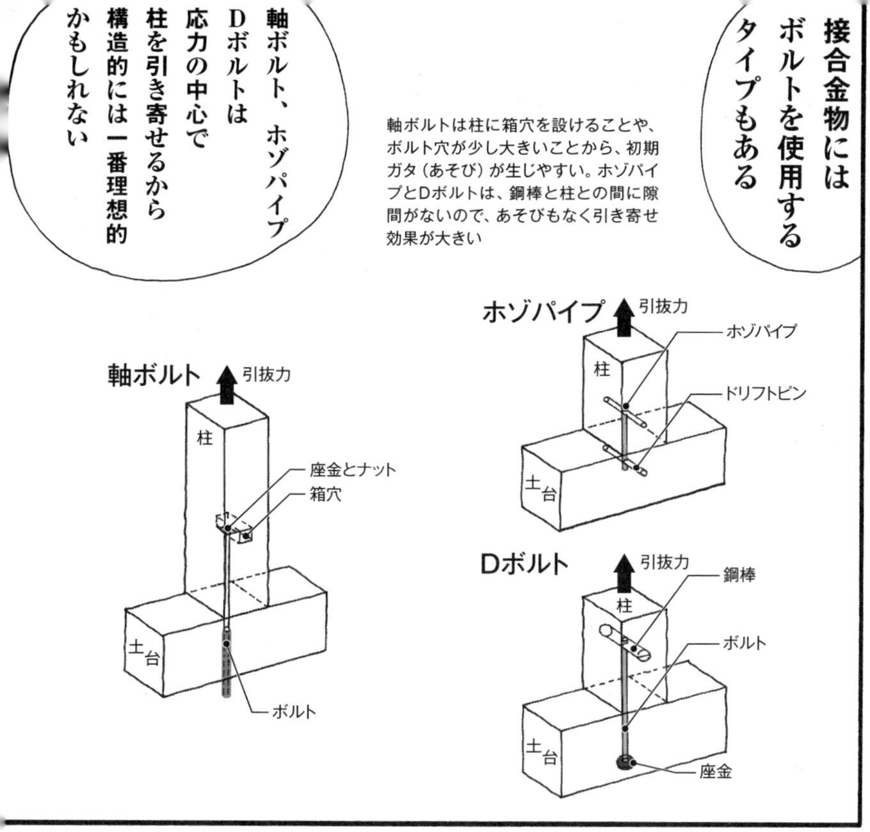

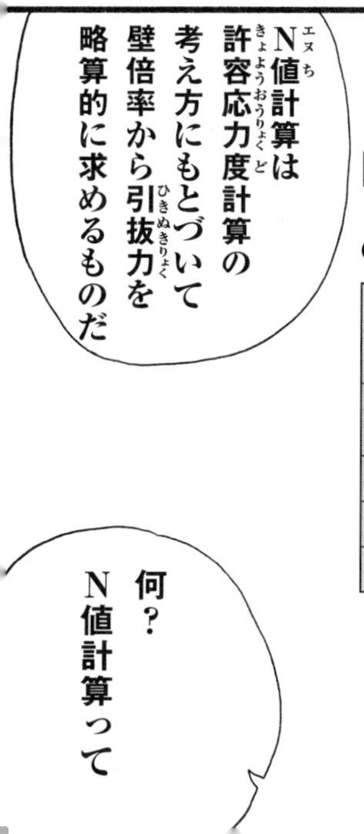

N値計算における筋かいの補正値

●筋かいが片側から取り付く柱の場合の補正値

取り付く場所 / 筋かいの種類	柱頭部①（圧縮筋かい）	柱脚部②（引張筋かい）	備考
15×90㎜以上の木材 φ9以上の鉄筋	0.0	0.0	たすき掛け筋かいの場合は、補正値を0とする ③
30×90㎜以上の木材	0.5	−0.5	
45×90㎜以上の木材	0.5	−0.5	
90×90㎜以上の木材	2.0	−2.0	

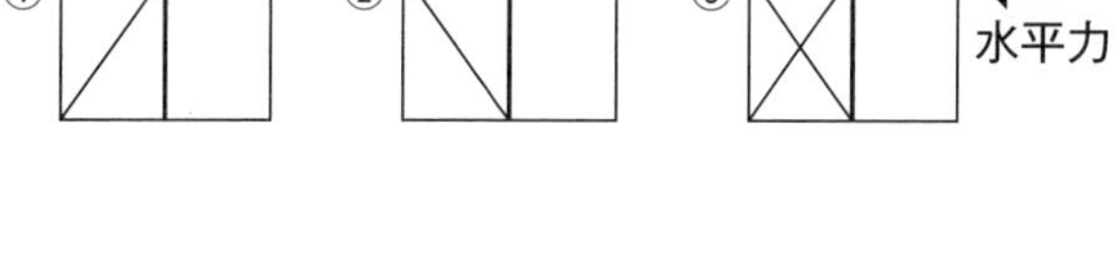

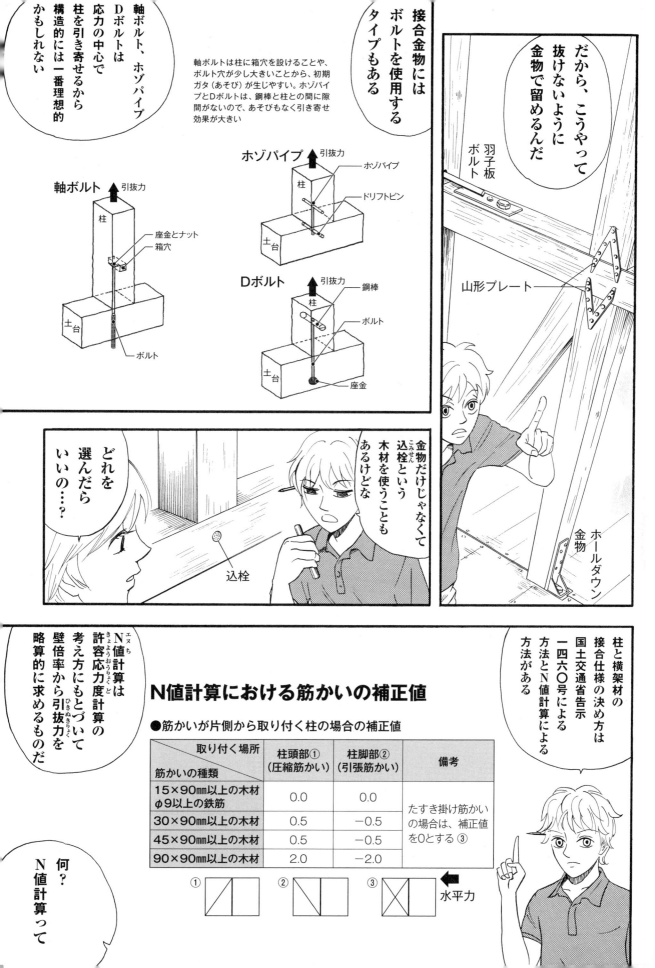

耐力壁端《たん》部《ぶ》の柱と、主要な横架材との仕口（告示1460号表3より作成）

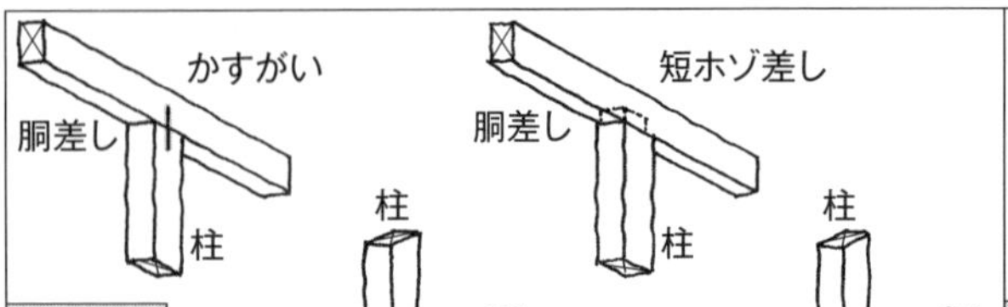

(い)
Nの値
0.0以下
必要耐力
0.0 kN

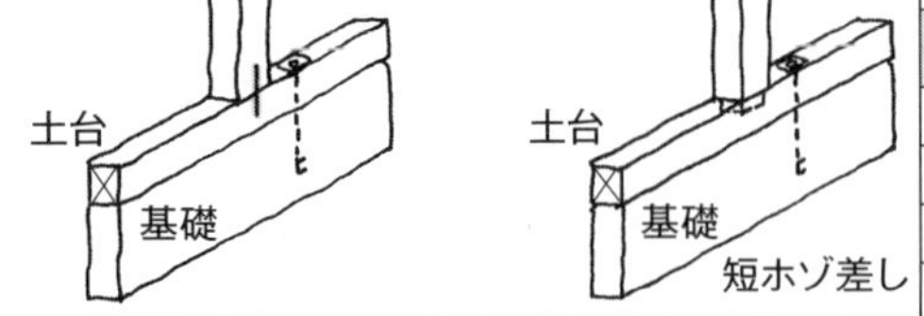

(へ)
Nの値
1.8以下
必要耐力
10.0 kN

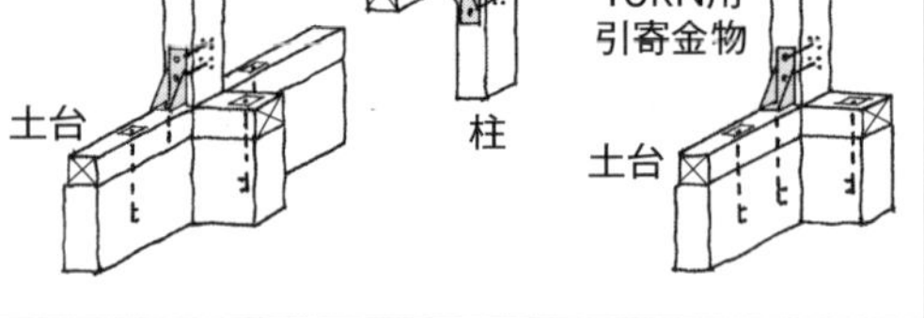

(ろ)
Nの値
0.65以下
必要耐力
3.4 kN

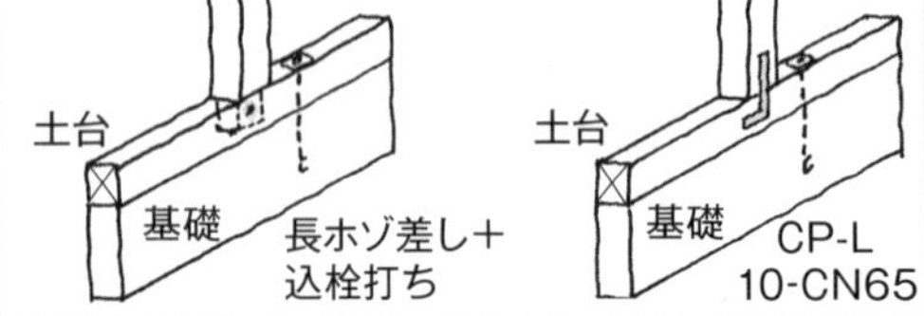

(と)
Nの値
2.8以下
必要耐力
15.0 kN

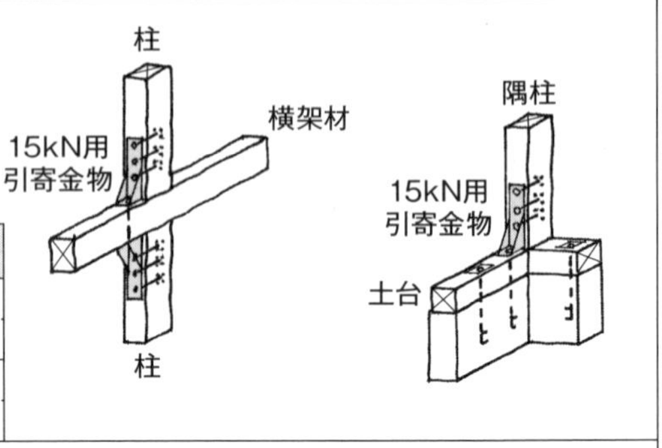

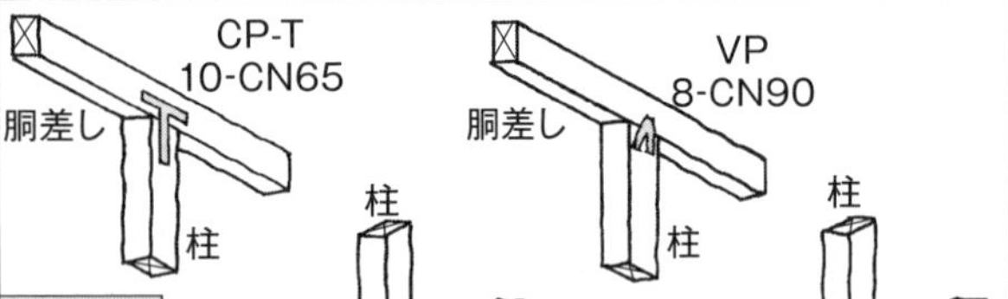

(は)
Nの値
1.0以下
必要耐力
5.1 kN

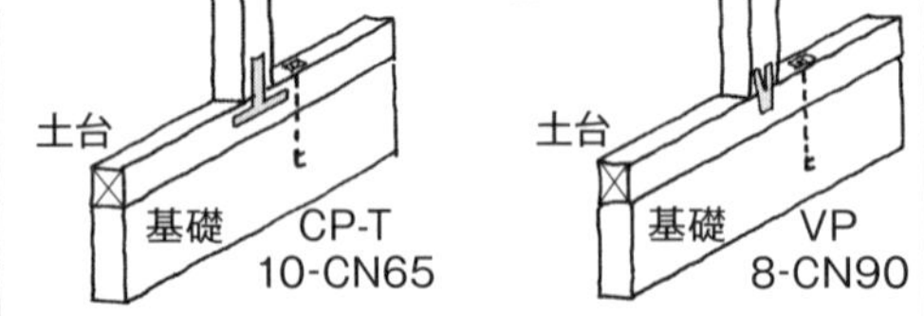

(ち)
Nの値
3.7以下
必要耐力
20.0 kN

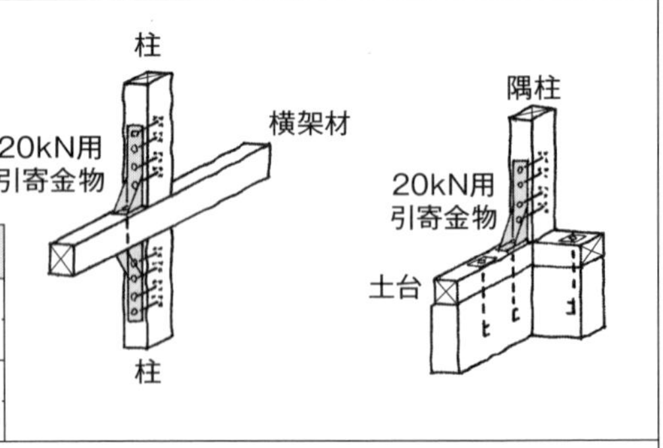

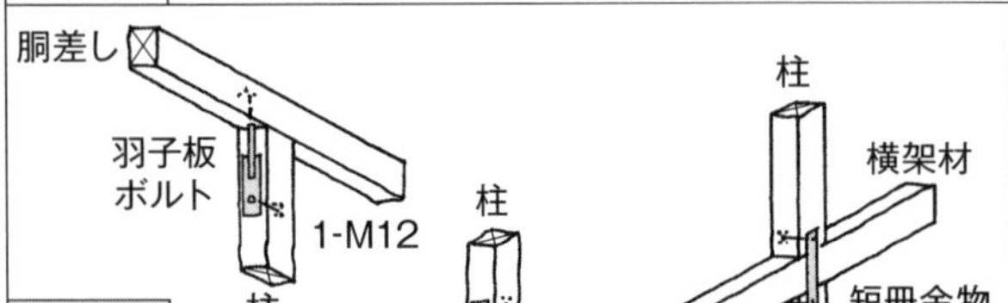

(に)
Nの値
1.4以下
必要耐力
7.5 kN

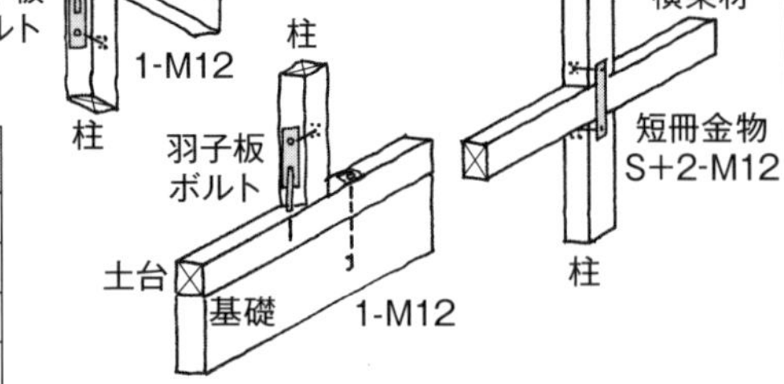

(り)
Nの値
4.7以下
必要耐力
25.0 kN

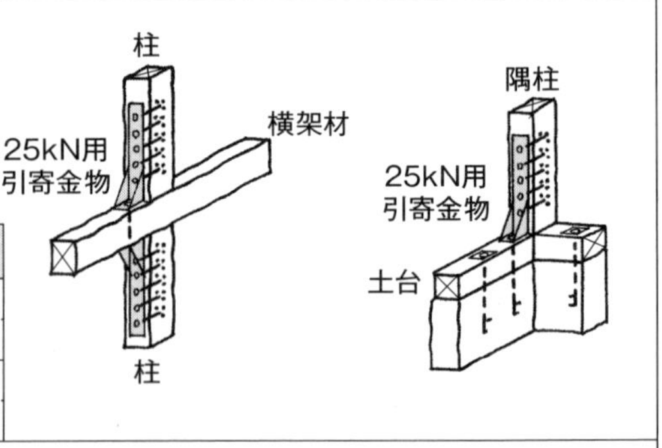

(ほ)
Nの値
1.6以下
必要耐力
8.5 kN

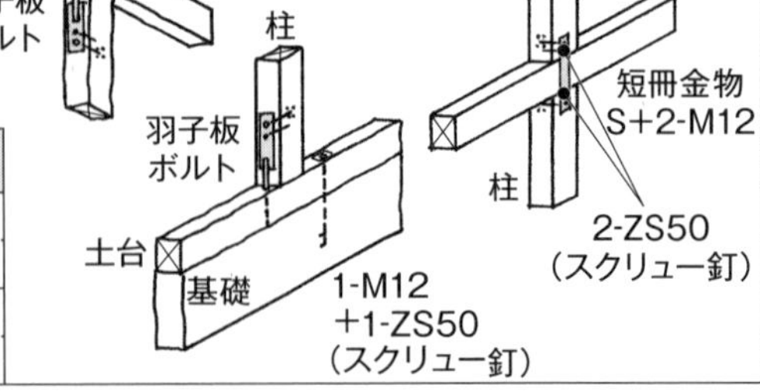

(ぬ)
Nの値
5.6以下
必要耐力
30.0 kN

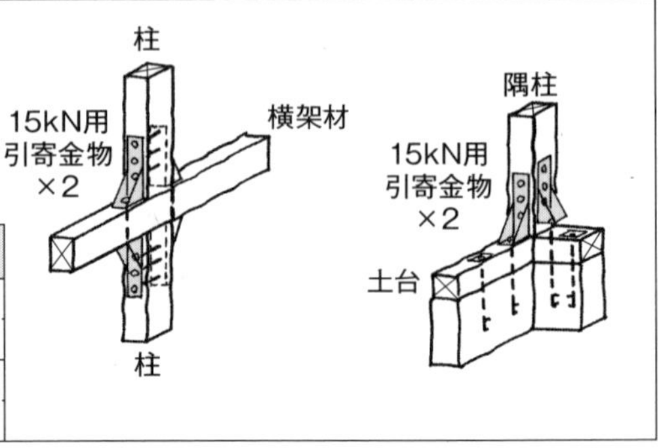

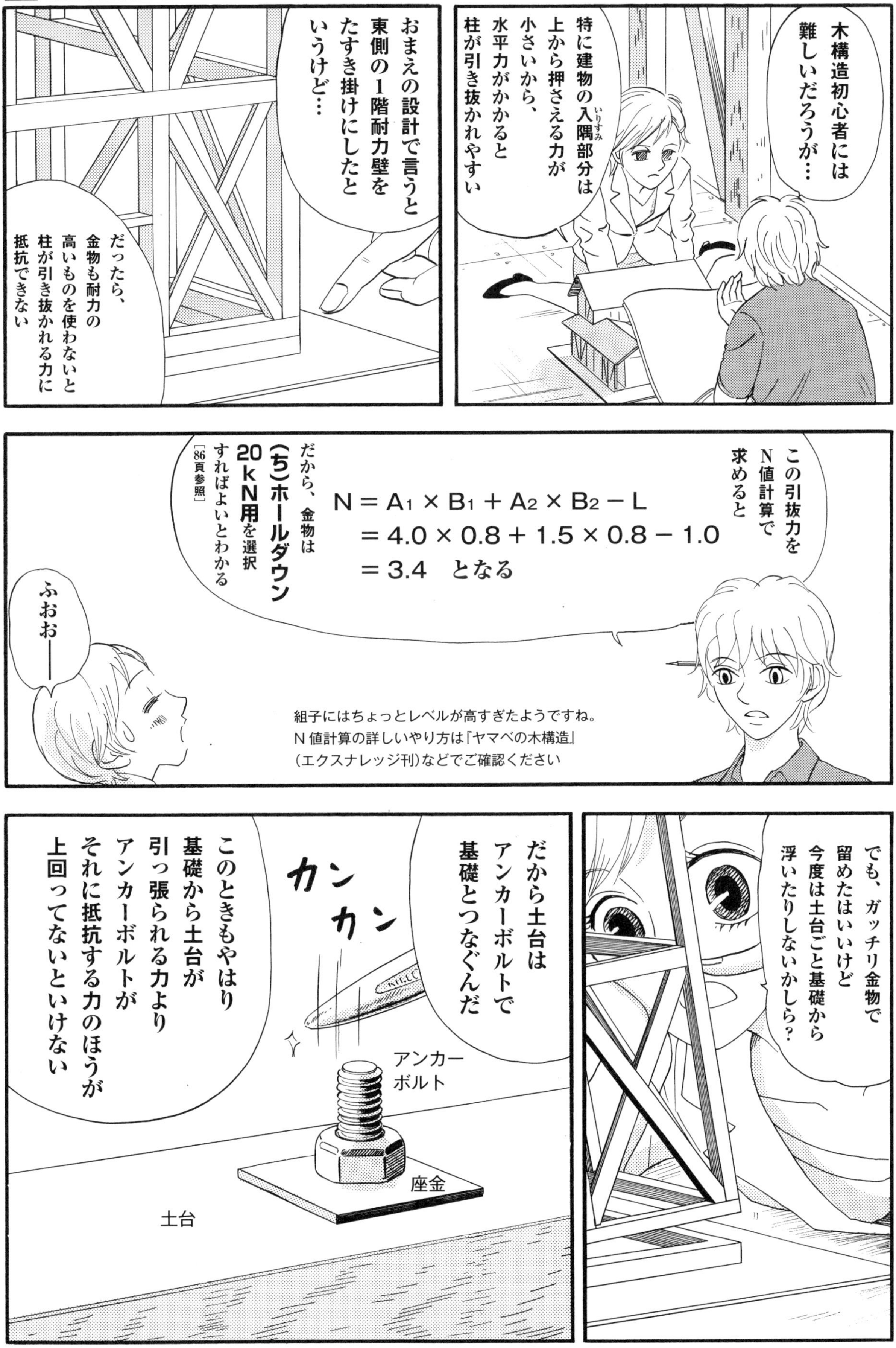
木構造初心者には難しいだろうが…
特に建物の入隅《いりすみ》部分は上から押さえる力が小さいから、水平力がかかると柱が引き抜かれやすい
おまえの設計で言うと東側の1階耐力壁をたすき掛けにしたというけど…
だったら、金物も耐力の高いものを使わないと柱が引き抜かれる力に抵抗できない
この引抜力をN値計算で求めると
$N = A_1 \times B_1 + A_2 \times B_2 - L$
$= 4.0 \times 0.8 + 1.5 \times 0.8 - 1.0$
$= 3.4$ となる
だから、金物は(ち)ホールダウン20kN用を選択すればよいとわかる
〔86頁参照〕
ふおお――
組子にはちょっとレベルが高すぎたようですね。
N値計算の詳しいやり方は『ヤマベの木構造』
（エクスナレッジ刊）などでご確認ください
でも、ガッチリ金物で留めたはいいけど今度は土台ごと基礎から浮いたりしないかしら？
だから土台はアンカーボルトで基礎とつなぐんだ
カン
カン
アンカーボルト
座金
土台
このときもやはり基礎から土台が引っ張られる力よりアンカーボルトがそれに抵抗する力のほうが上回ってないといけない

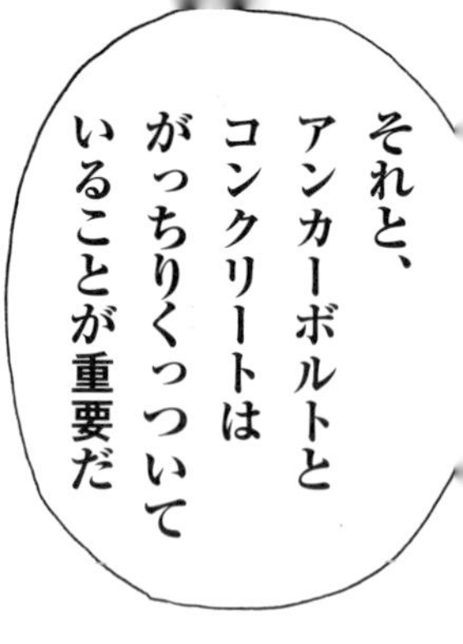
それと、アンカーボルトとコンクリートはがっちりくっついていることが重要だ

土台の浮き上がりを防ぐアンカーボルト

耐力壁に水平力がかかったときの変形

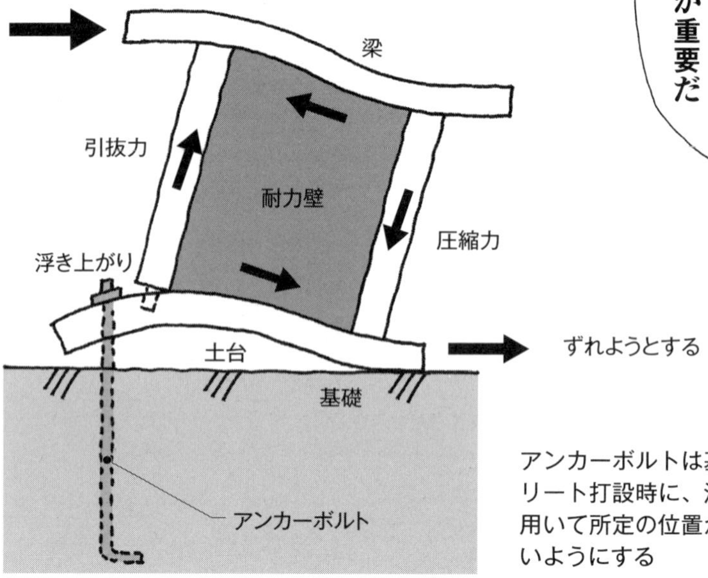
水平力
梁
引抜力
耐力壁
圧縮力
浮き上がり
土台
ずれようとする
基礎
アンカーボルト

あらかじめ、基礎に埋め込まれたアンカーボルトに土台を通して緊結し、土台の浮き上がりやずれを防止する

アンカーボルトは基礎コンクリート打設時に、治《じ》具《ぐ》などを用いて所定の位置から動かないようにする

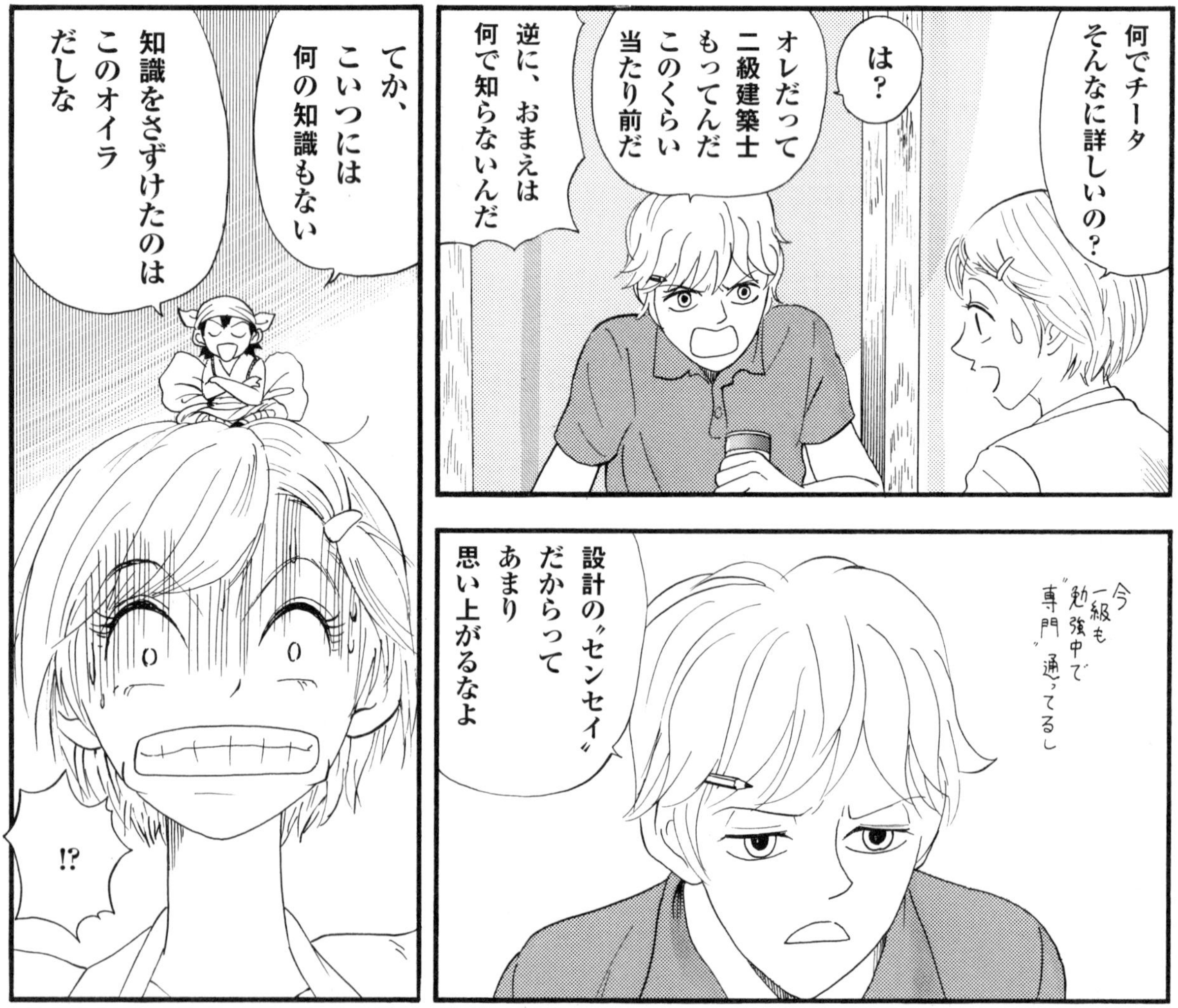
何でチータそんなに詳しいの?
は?
オレだって二級建築士もってんだ このくらい当たり前だ
逆に、おまえは何で知らないんだ
今一級も勉強中で〝専門〟通ってるし
設計の〝センセイ〟だからってあまり思い上がるなよ
てか、こいつには何の知識もない
知識をさずけたのはこのオイラだしな
!?

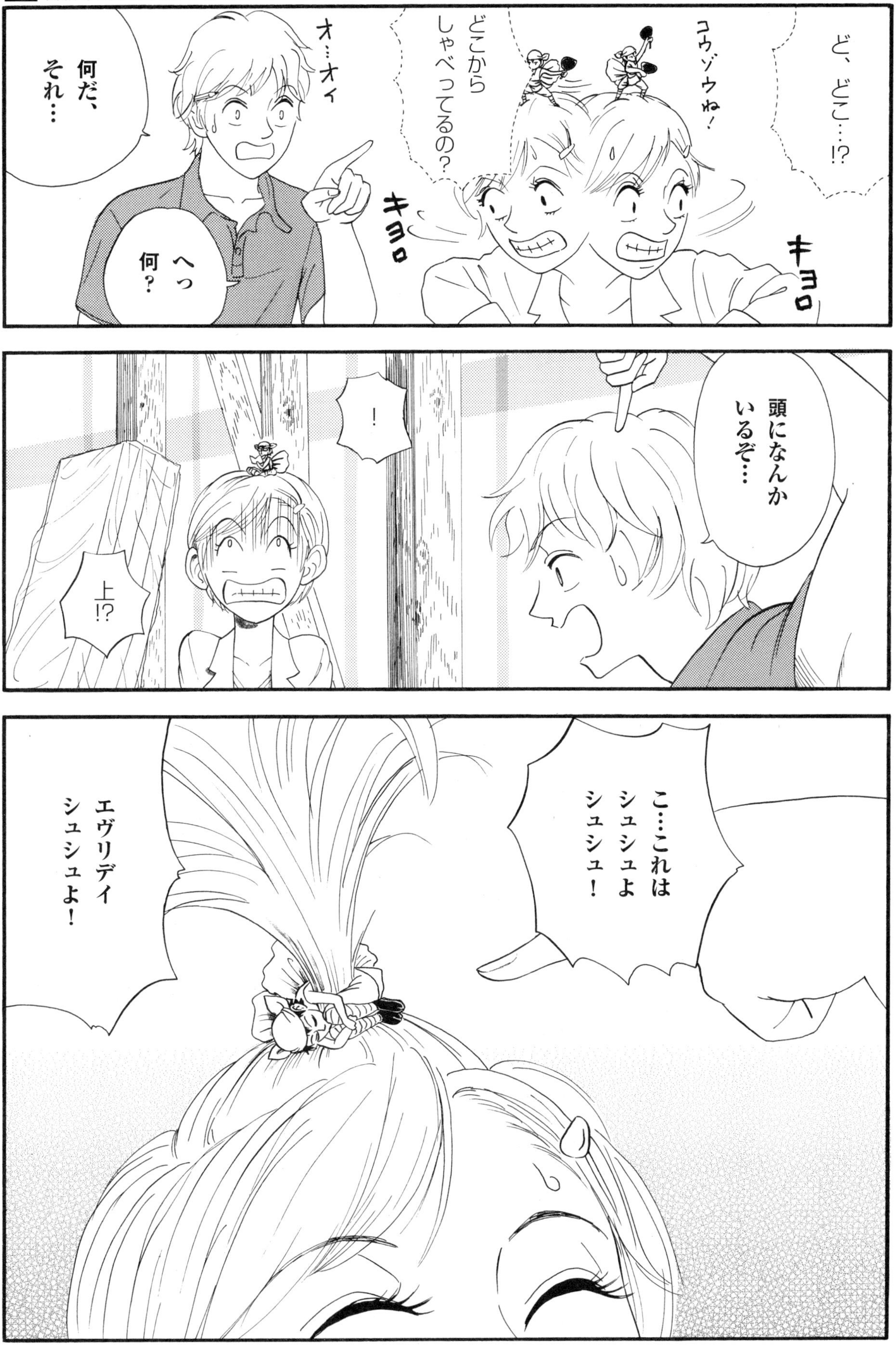
ど、どこ…!?
コウゾウね！
キョロ
どこからしゃべってるの？
キョロ
オ…オイ
何だ、それ…
へっ何？
頭になんかいるぞ…
！
上!?
こ…これはシュシュよシュシュ！
エヴリデイシュシュよ！

じぃ〜〜〜
あっ そうだ
友香《ゆうか》！ 友香が 話があるって
はあ？ 友香って だって昨日
友香がさ えーと えーと…
花火大会！ 今度、浜中湖で 花火大会あるじゃない みんなで行こうよ だからさ… 友香と打ち合わせ しといてよ… じゃあね
もしもし、友香 ちょっと悪いん だけどさ…
組子 昨日どうしたの？ 自分から飲みに 誘っておいて スッぽかすなんて…
スタスタ
え？

第4話 床の設計

そして、チカラは壁に流れる

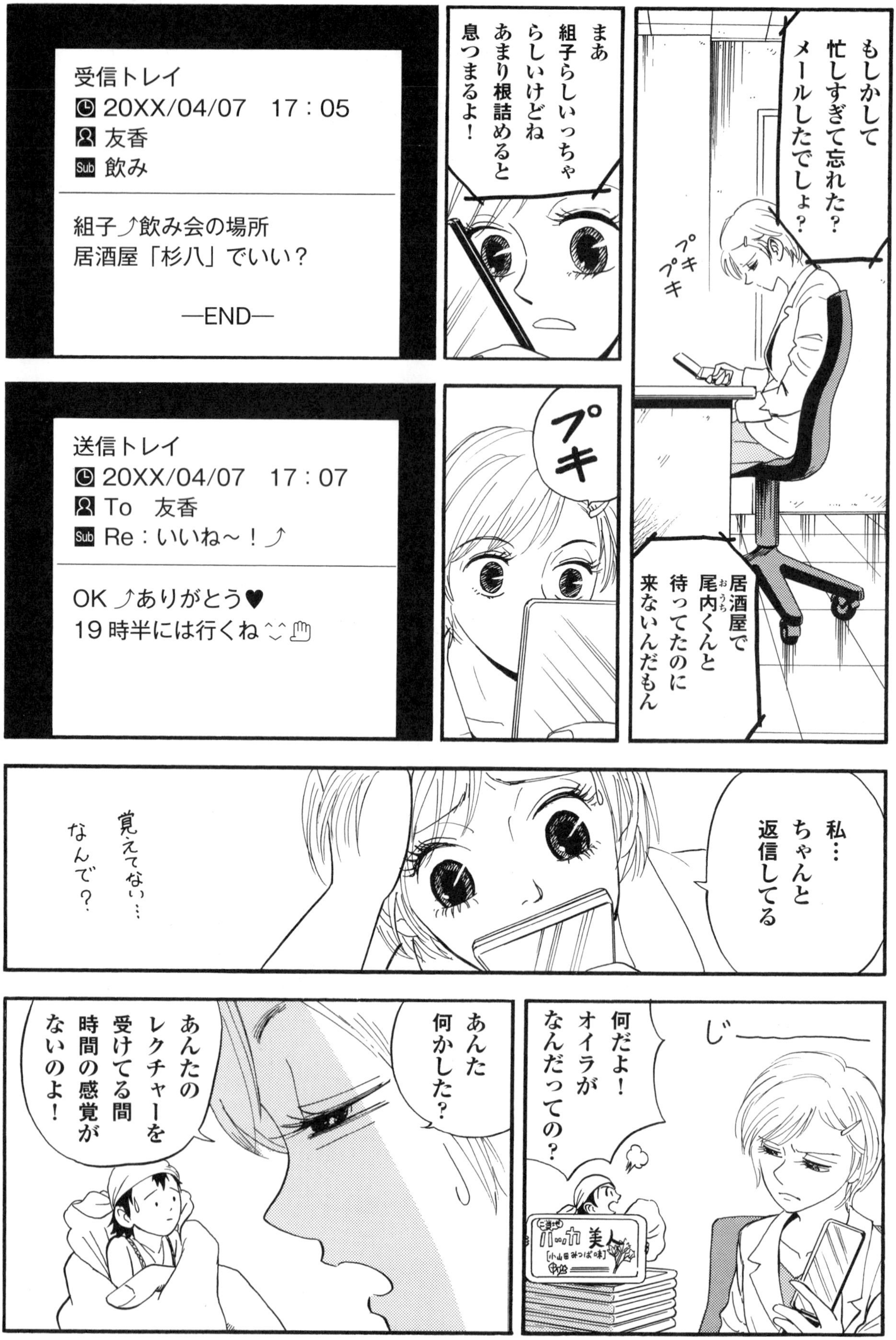
もしかして忙しすぎてメールしたで忘れた？しょ？
プキプキ
居酒屋で尾内《おうち》くんと待ってたのに来ないんだもん
まあ組子らしいっちゃらしいけどねあまり根詰めると息つまるよ！
受信トレイ
20XX/04/07　17：05
友香
Sub 飲み
組子⤴飲み会の場所
居酒屋「杉八」でいい？
—END—
プキ
送信トレイ
20XX/04/07　17：07
To　友香
Sub Re：いいね～！⤴
OK⤴ありがとう♥
19時半には行くね
私…ちゃんと返信してる
覚えてない…なんで？
じーーー
何だよ！オイラがなんだっての？
あんた何かした？
あんたのレクチャーを受けてる間時間の感覚がないのよ！

そりゃあ
ちょっとは…
何でそんなことするのよ！友達との約束スッぽかしちゃったじゃないの！
グッ
遊びたい？
えっ？
せっかく東京での忙しさから解放されたんだし
孵化《ふか》するなら今だと思うよ
匠の雛《タクミノヒイナ》
ストイックにスキル研《みが》くより適当に遊びながら楽しくやりたい？
オイラはそれでもかまわないけど…
花火大会行きたい
それまでには終わるよ！集中して完成させてスッキリしてから花火見なよ

ドーン
うん
翌日
設計
コチ
コチ
ピンポーン
ガチャ
よう
忘れもんだぞ

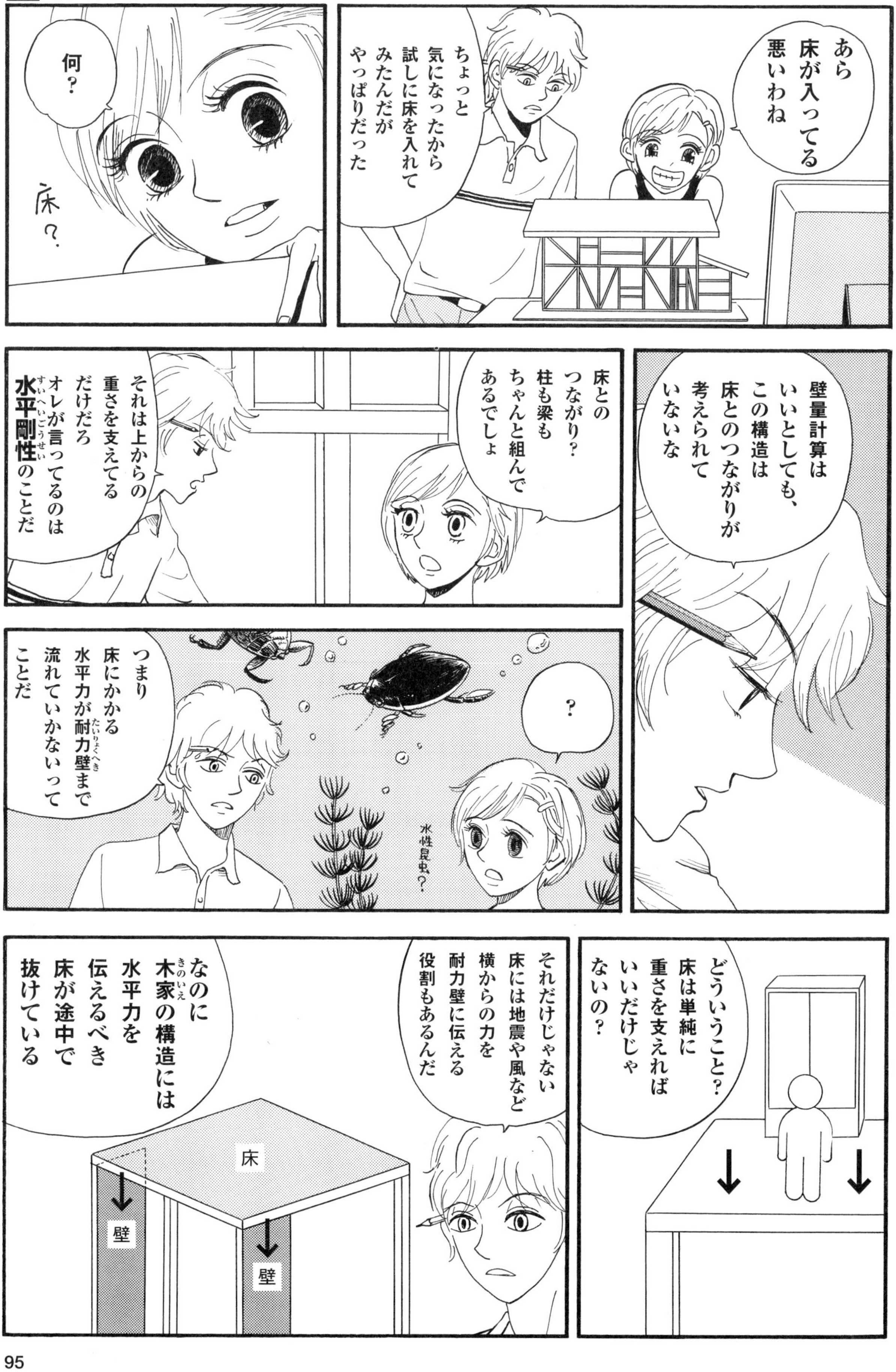
あら
床が入ってる
悪いわね
ちょっと
気になったから
試しに床を入れて
みたんだが
やっぱりだった
何？
床？
壁量計算は
いいとしても、
この構造は
床とのつながりが
考えられて
いないな
床との
つながり？
柱も梁も
ちゃんと組んで
あるでしょ
それは上からの
重さを支えてる
だけだろ
オレが言ってるのは
水平剛性《すいへいごうせい》のことだ
？
つまり
床にかかる
水平力が耐力壁《たいりょくへき》まで
流れていかないって
ことだ
水性昆虫？
どういうこと？
床は単純に
重さを支えれば
いいだけじゃ
ないの？
それだけじゃない
床には地震や風など
横からの力を
耐力壁に伝える
役割もあるんだ
なのに
木家《きのいえ》の構造には
水平力を
伝えるべき
床が途中で
抜けている
床
壁
壁

昨日はよく見なかったが帰って図面を見直してみたら…
ここは吹抜けになっているんだな
そうなの最初のプランには入ってなかったんだけど…
パラパラ
こんなのはどうでしょうか
わあ…素敵！
ちょっと窓が大きすぎやしないか？
あ、マーくん
どーもはじめましてお世話になっております

納品
終わり
ました
おお
ごくろう
さん
この人が
マーくんか…
おとなしそうな
人だ
こんなに
あけっぴろげな
家は住みづらい
だろ
…
私は
開放的なのが
いいの
マーくん
自分の家なのに
何も言わない
のかな…
それに大きな
ワンルームと
いうのも
あまり
感心せんな
部屋ごとに
きっちり仕切る
なんて
お父さんの
考え方は
古いの!
あのー
ムー
ムー
ギャー
ギャー
ボソ
1階の個室は
2階にもっていって
ここは吹抜けにしたら
どうでしょうか
!
なるほど!
それはいいアイデア
ですね
えらい
よく発言した
マーくん!

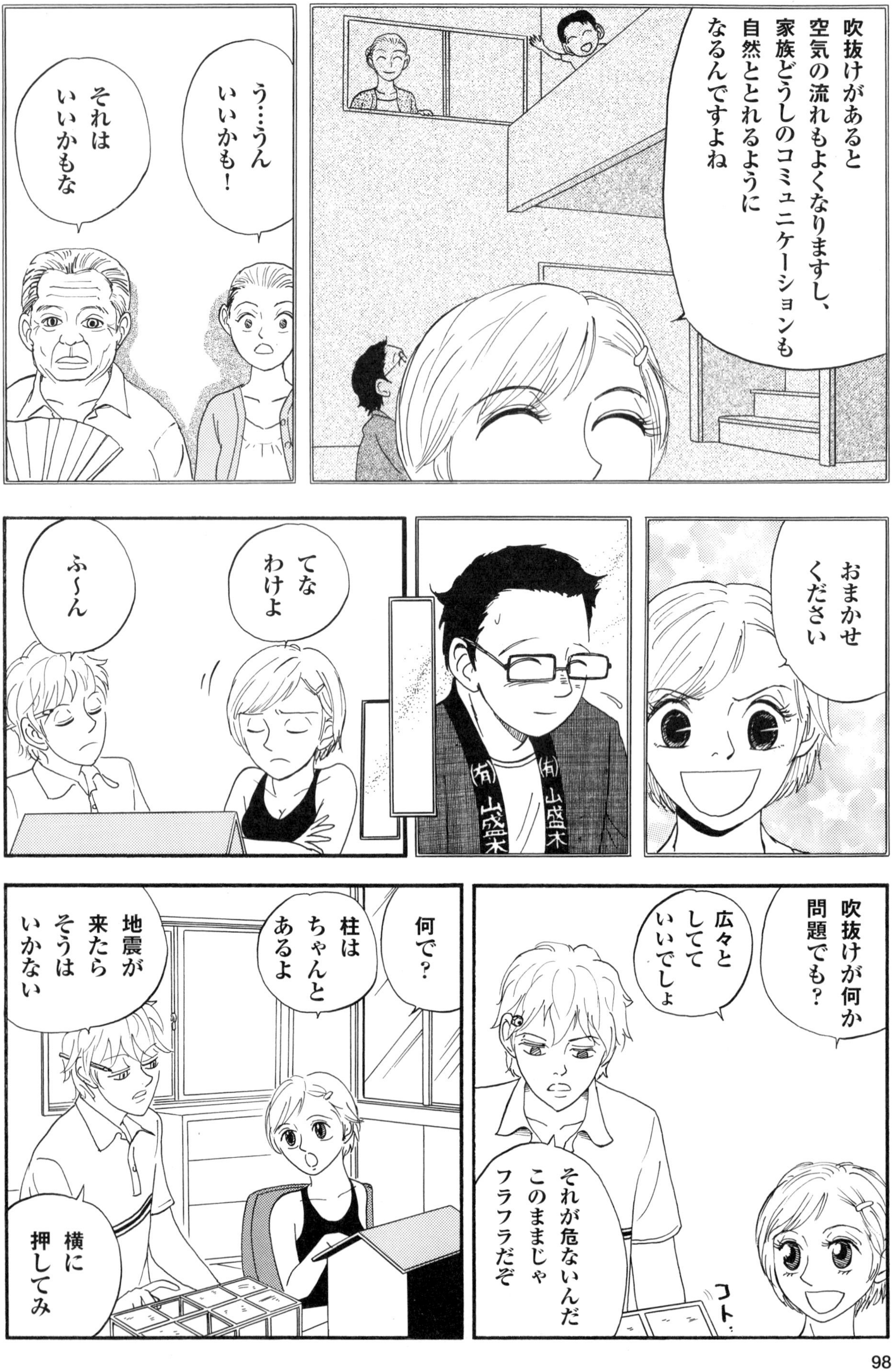
吹抜けがあると
空気の流れもよくなりますし、
家族どうしのコミュニケーションも
自然ととれるように
なるんですよね
う…うん
いいかも！
それは
いいかもな
おまかせ
ください
(有)山盛木
(有)山盛木
てな
わけよ
ふ～ん
吹抜けが何か
問題でも？
広々と
してて
いいでしょ
それが危ないんだ
このままじゃ
フラフラだぞ
コト
何で？
柱は
ちゃんと
あるよ
地震が
来たら
そうは
いかない
横に
押してみ

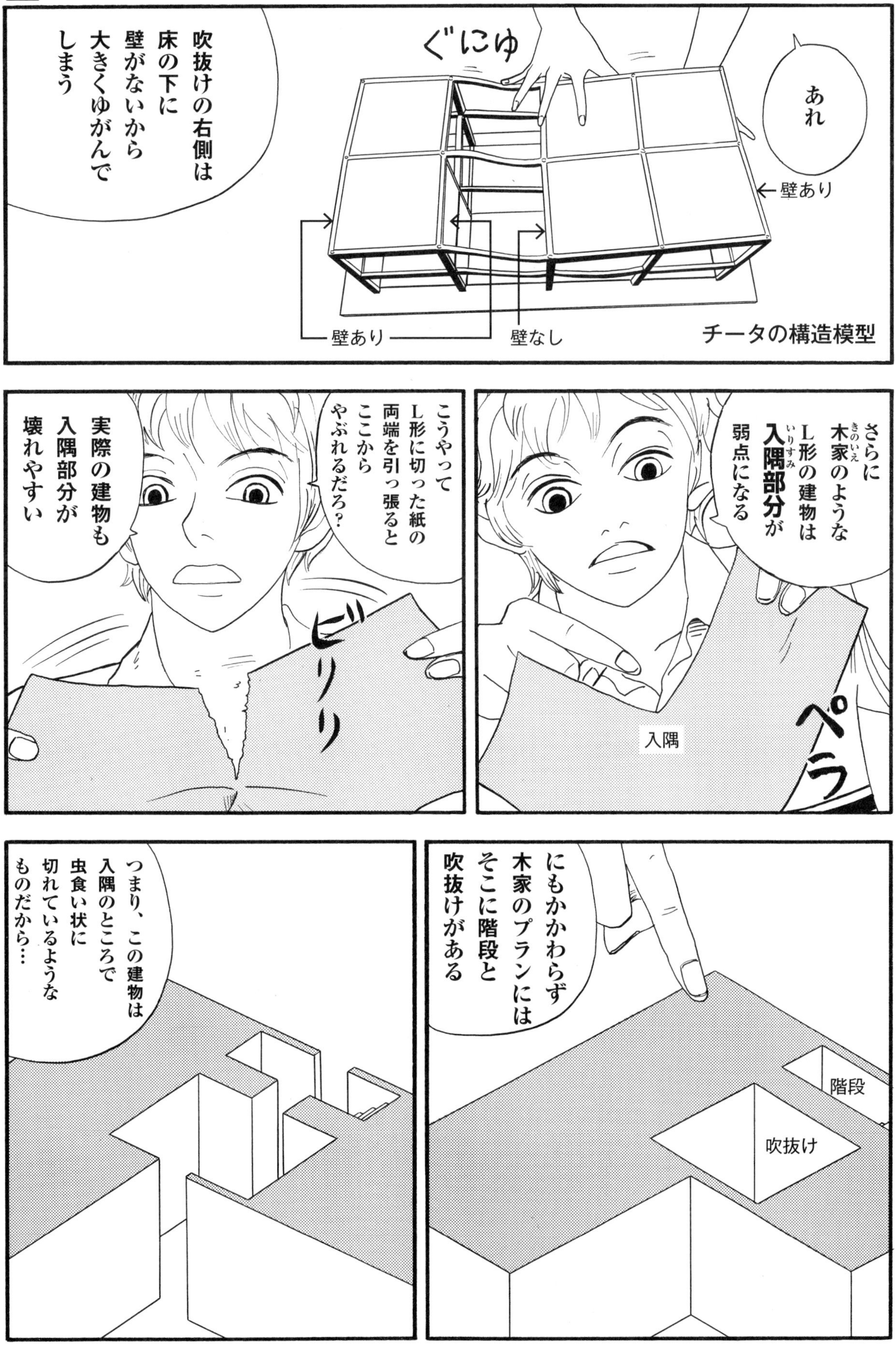
あれ
ぐにゅ
吹抜けの右側は床の下に壁がないから大きくゆがんでしまう
壁あり
壁あり
壁なし
チータの構造模型
さらに木家《きのいえ》のようなL形の建物は入隅《いりすみ》部分が弱点になる
ペラ
入隅
こうやってL形に切った紙の両端を引っ張るとここからやぶれるだろ?
実際の建物も入隅部分が壊れやすい
ビリリ
にもかかわらず木家のプランにはそこに階段と吹抜けがある
階段
吹抜け
つまり、この建物は入隅のところで虫食い状に切れているようなものだから…

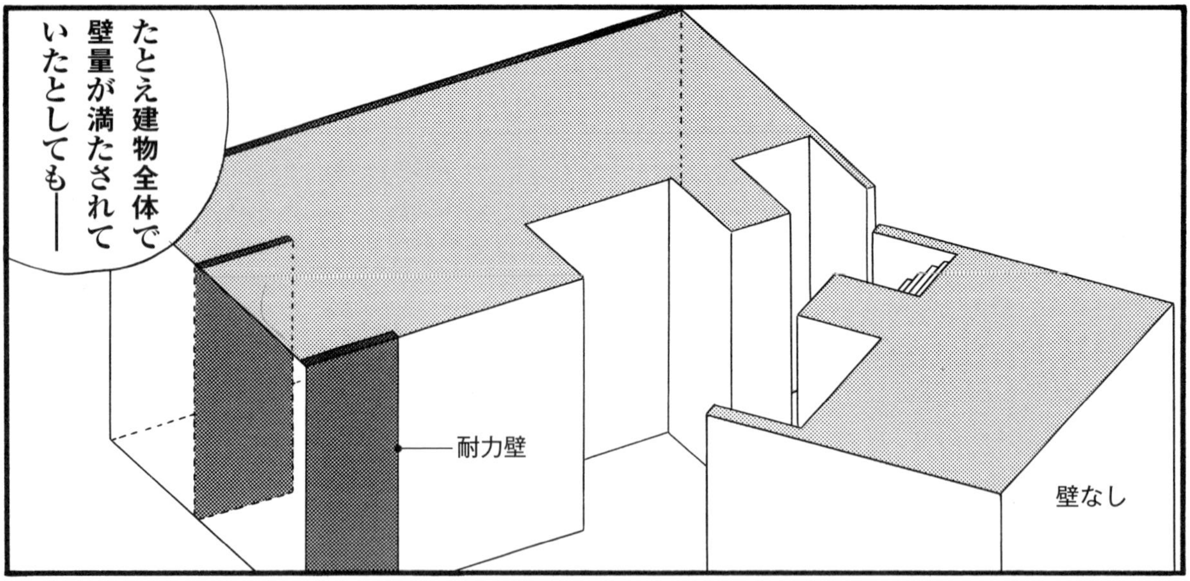
たとえ建物全体で壁量が満たされていたとしても――
耐力壁
壁なし

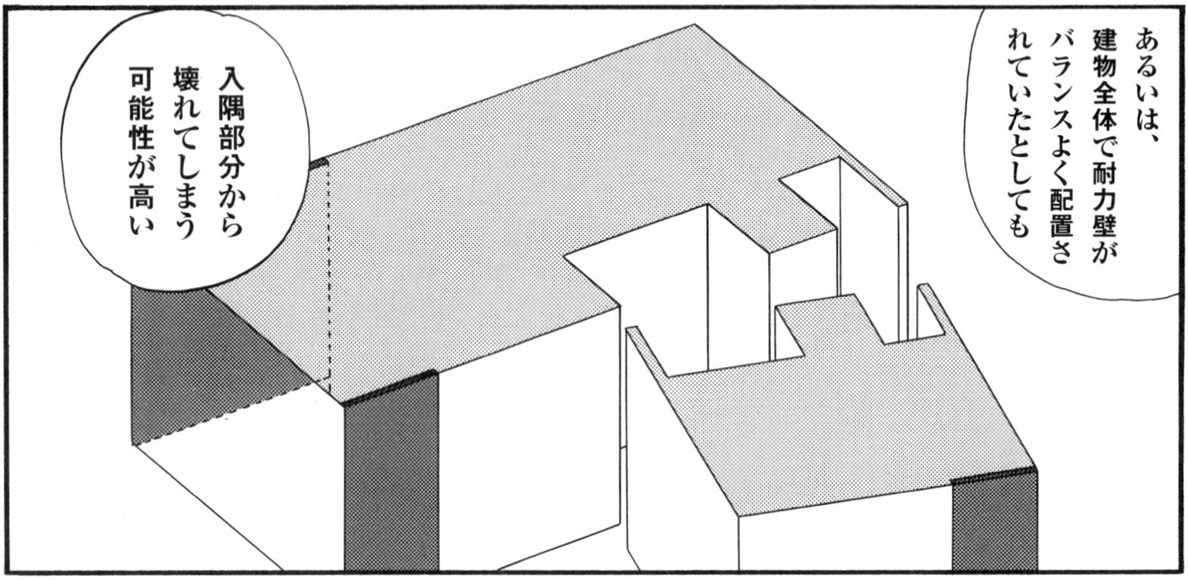
あるいは、建物全体で耐力壁がバランスよく配置されていたとしても
入隅部分から壊れてしまう可能性が高い

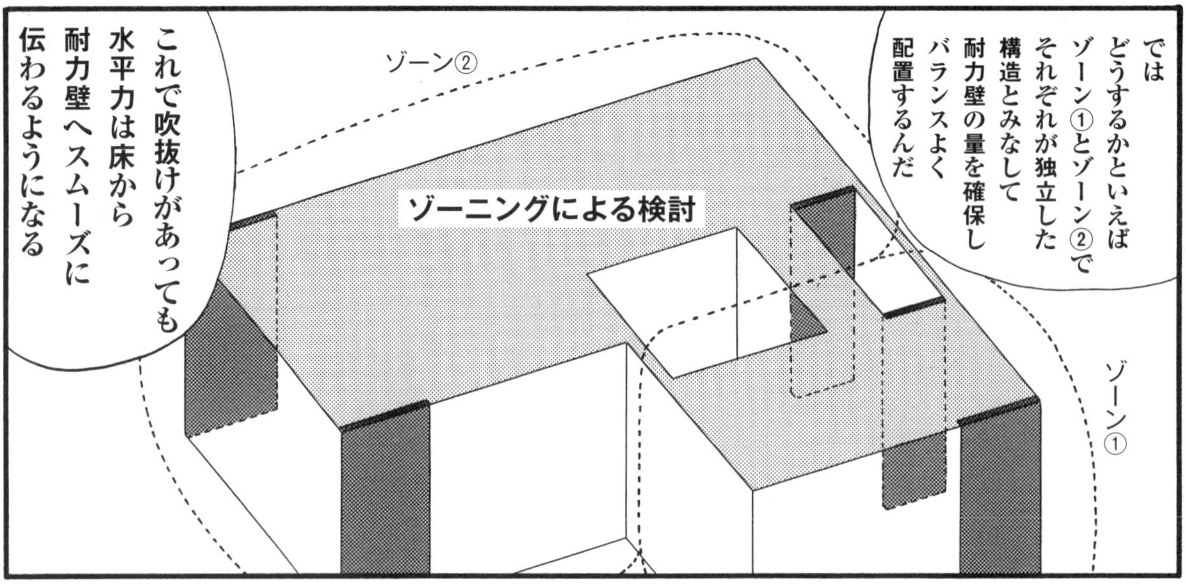
ではどうするかといえばゾーン①とゾーン②でそれぞれが独立した構造とみなして耐力壁の量を確保しバランスよく配置するんだ
ゾーニングによる検討
ゾーン②
ゾーン①
これで吹抜けがあっても水平力は床から耐力壁へスムーズに伝わるようになる

なるほど
ゾーニングねぇ
まあ、だけど木家にしちゃここまでよくやったな
カチャ
頑張って終わらせろよ
何？
どうしたの
何かたくらんでる？気持ちわるい
キィ
行くんだろ花火大会
パタン

そうか
床と壁は
つながってないと
ダメなのか…
カチ
カチ
それだけ
じゃないよ
今までそこに
いたの…
どうやって
床を強く
するか
床に伝わった水平力を
下階の耐力壁に
きちんと伝える
ためには…
床のかたさも
重要になる
コン
コン
かたさって
どういう
こと？
耐力壁と同じように
床もつくり方によって
剛性(かたさ)が
異なるんだ
そもそも
組子は
木造の床が
どうやって
つくられてるか
知ってるか？
なんとなく
本当は
よく
わかってない

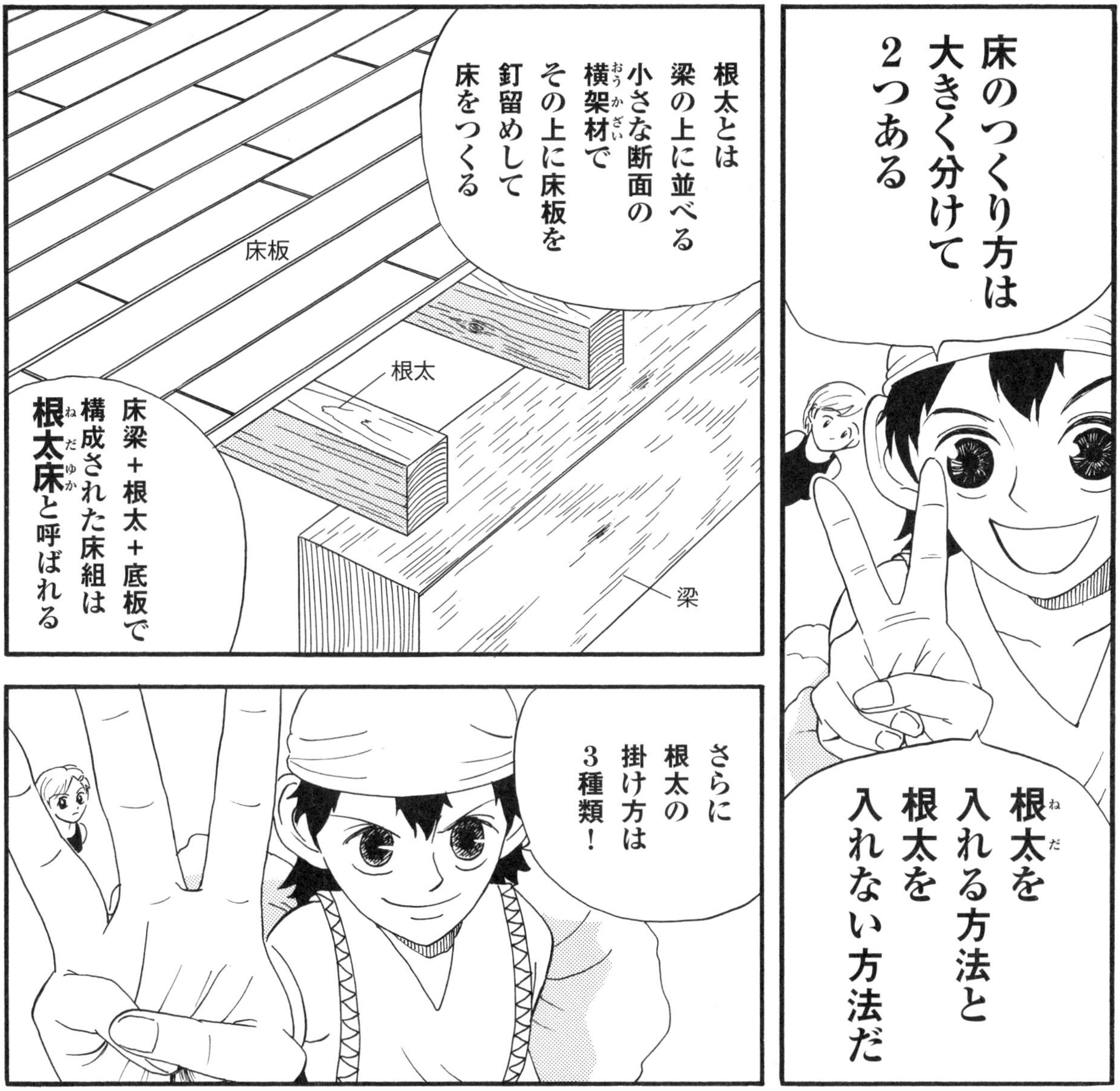
床のつくり方は大きく分けて2つある
根太《ねだ》を入れる方法と根太を入れない方法だ
根太とは梁の上に並べる小さな断面の横架材《おうかざい》でその上に床板を釘留めして床をつくる
床板
根太
梁
床梁＋根太＋底板で構成された床組は根太床《ねだゆか》と呼ばれる
さらに根太の掛け方は3種類！

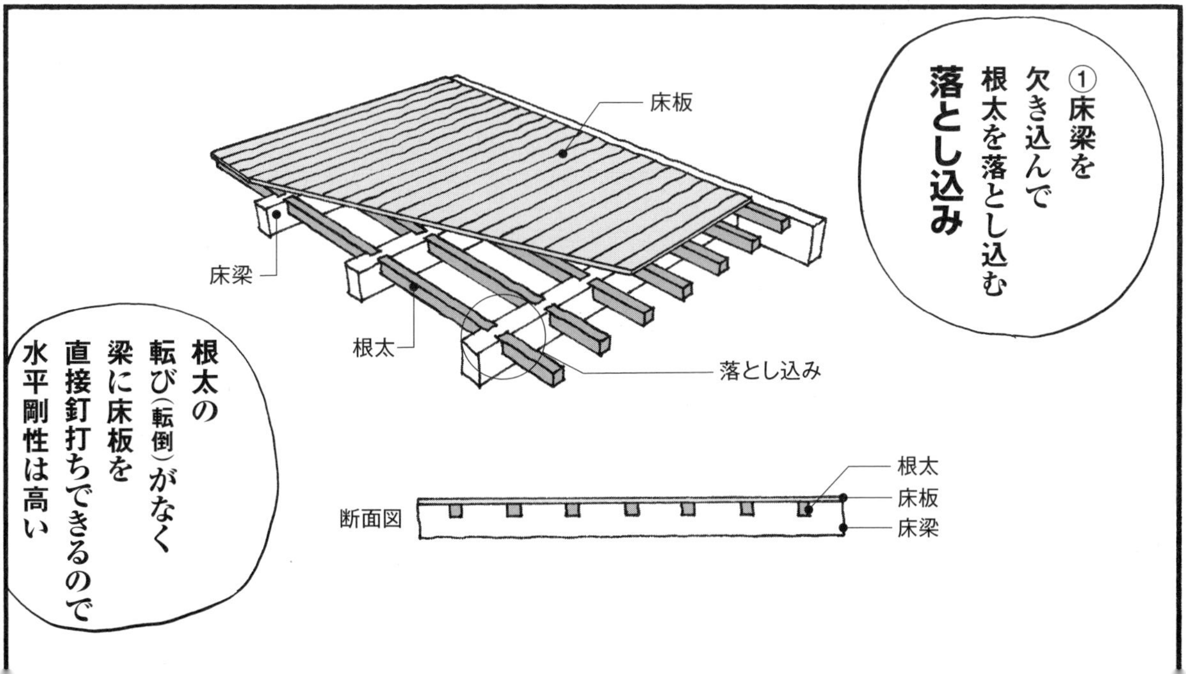
①床梁を欠き込んで根太を落とし込む
落とし込み
床板
床梁
根太
落とし込み
根太
床板
床梁
断面図
根太の転び（転倒）がなく梁に床板を直接釘打ちできるので水平剛性は高い

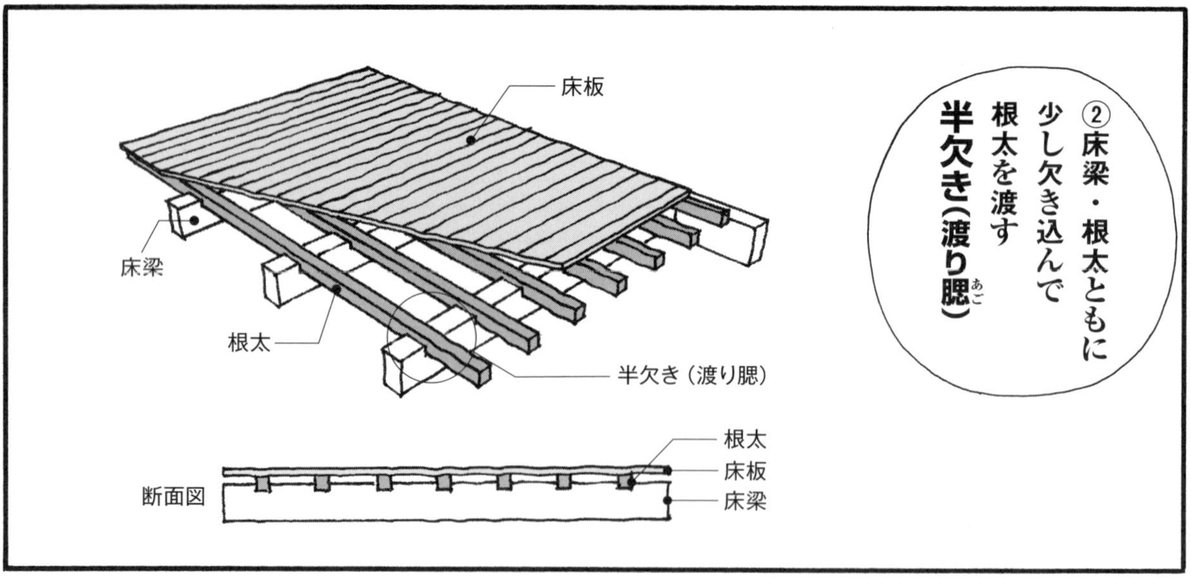
②床梁・根太ともに
少し欠き込んで
根太を渡す
半欠き（渡り腮《あご》）
床板
床梁
根太
半欠き（渡り腮）
根太
床板
床梁
断面図

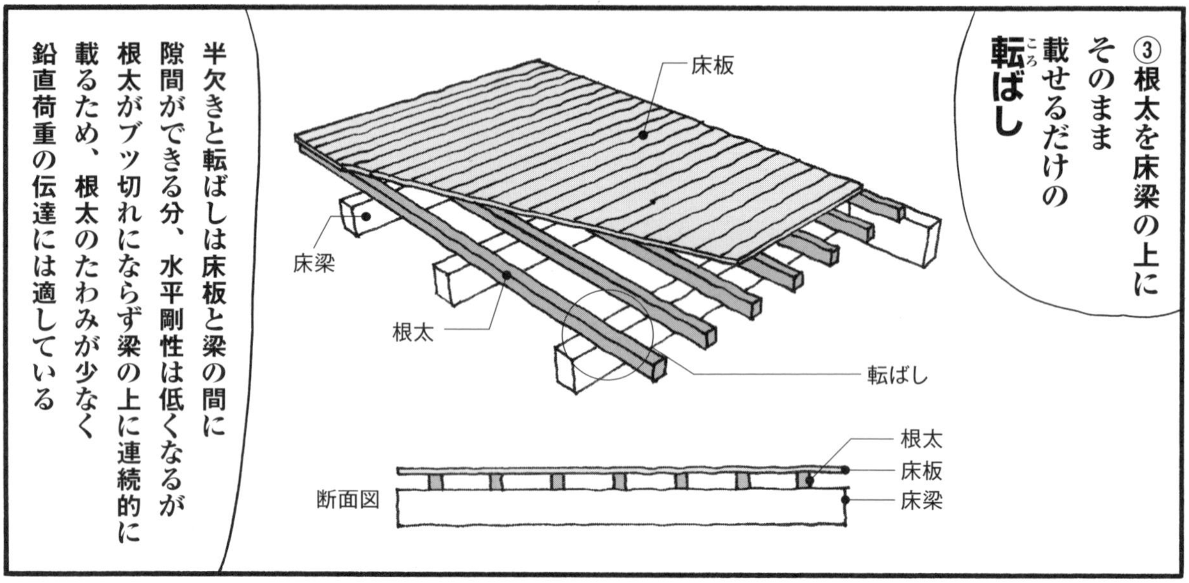
③根太を床梁の上に
そのまま
載せるだけの
転《ころ》ばし
半欠きと転ばしは床板と梁の間に隙間ができる分、水平剛性は低くなるが根太がブッ切れにならず梁の上に連続的に載るため、根太のたわみが少なく鉛直荷重の伝達には適している
床板
床梁
根太
転ばし
根太
床板
床梁
断面図

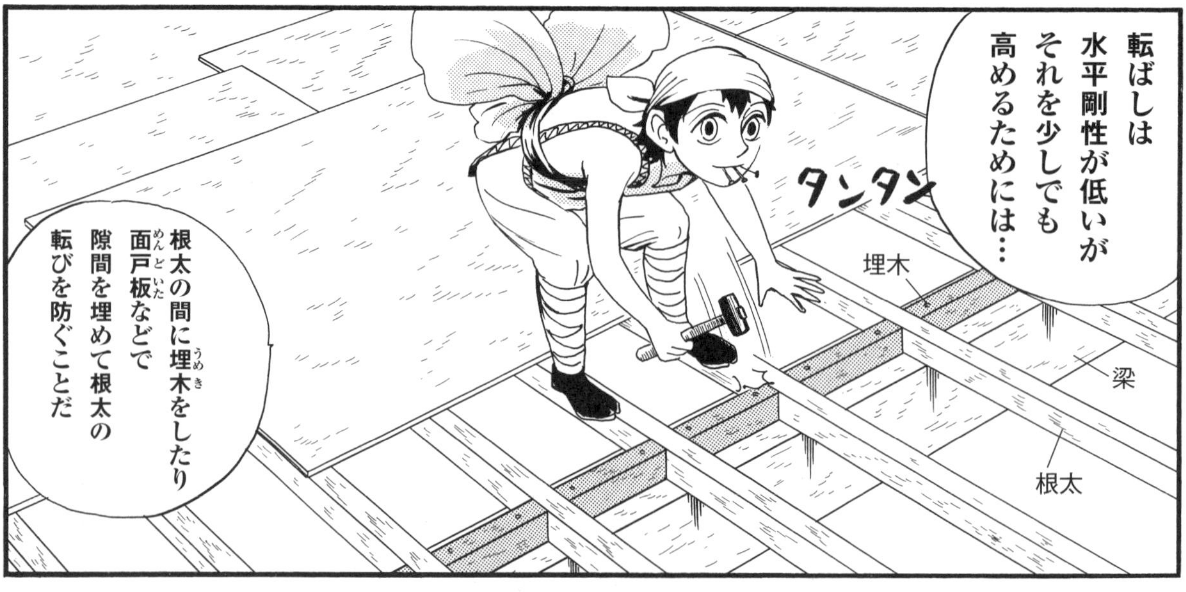
転ばしは水平剛性が低いがそれを少しでも高めるためには…
タンタン
根太の間に埋《うめ》木《き》をしたり面戸《めんど》板《いた》などで隙間を埋めて根太の転びを防ぐことだ
埋木
梁
根太

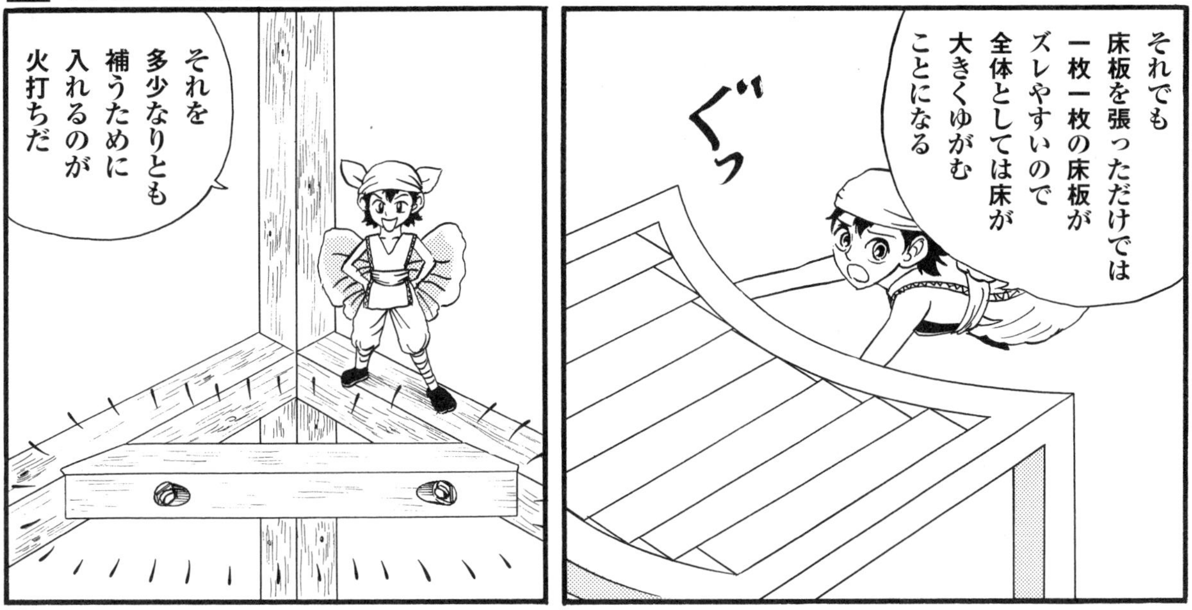

火打ちの設け方

●火打ちの入った床

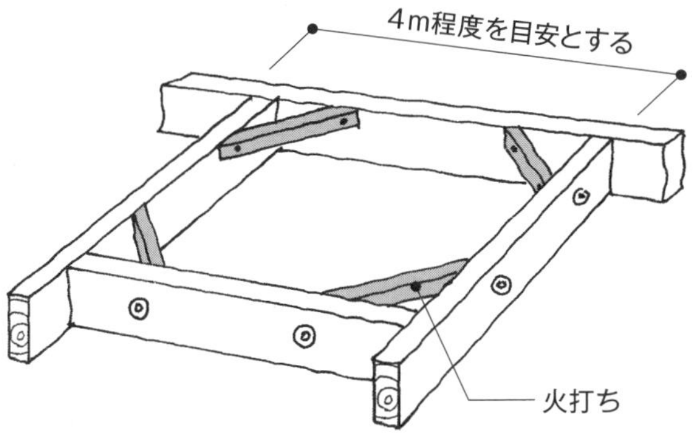

●火打ち

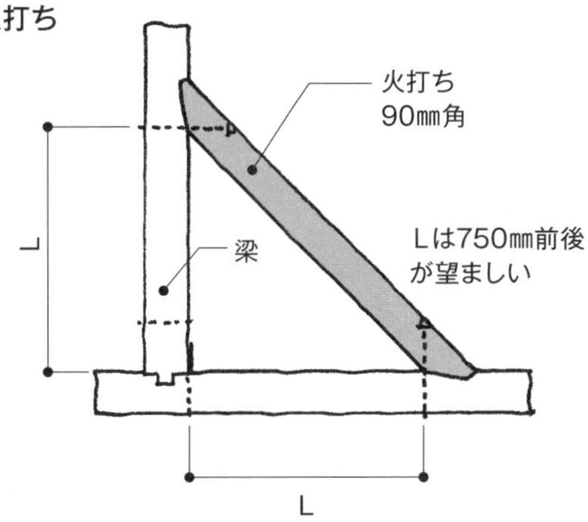

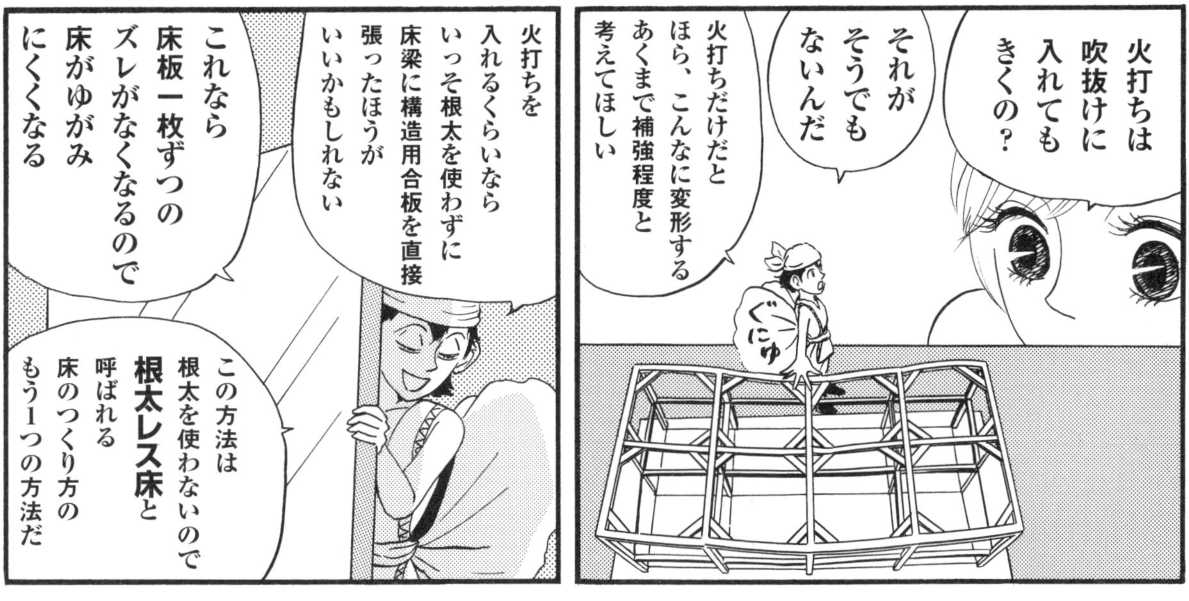

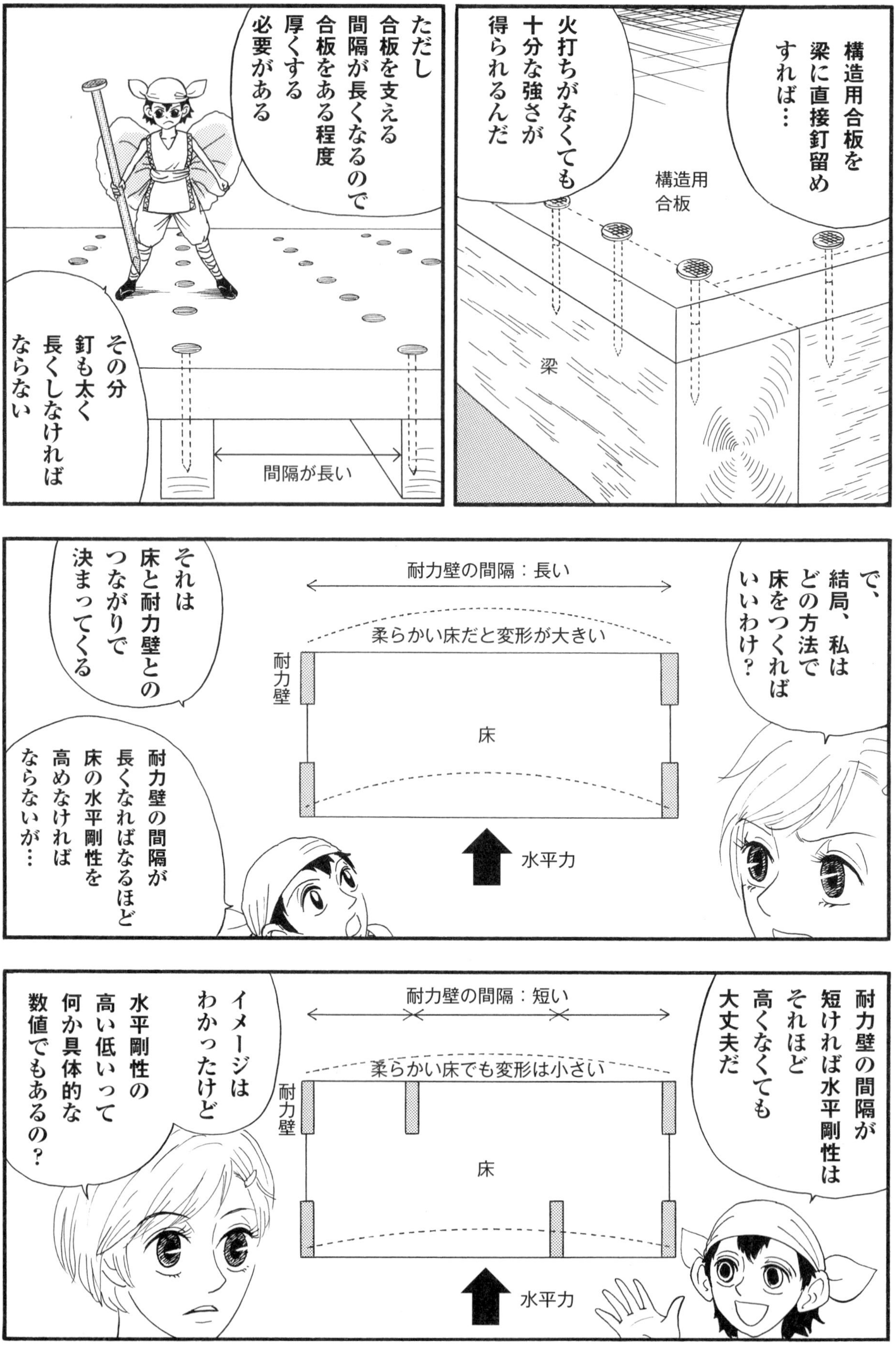
構造用合板を梁に直接釘留めすれば…
火打ちがなくても十分な強さが得られるんだ
構造用合板
梁
ただし合板を支える間隔が長くなるので合板をある程度厚くする必要がある
その分釘も太く長くしなければならない
間隔が長い
で、結局、私はどの方法で床をつくればいいわけ？
それは床と耐力壁とのつながりで決まってくる
耐力壁の間隔：長い
柔らかい床だと変形が大きい
耐力壁
床
水平力
耐力壁の間隔が長くなればなるほど床の水平剛性を高めなければならないが…
耐力壁の間隔が短ければ水平剛性はそれほど高くなくても大丈夫だ
イメージはわかったけど水平剛性の高い低いって何か具体的な数値でもあるの？
耐力壁の間隔：短い
柔らかい床でも変形は小さい
耐力壁
床
水平力

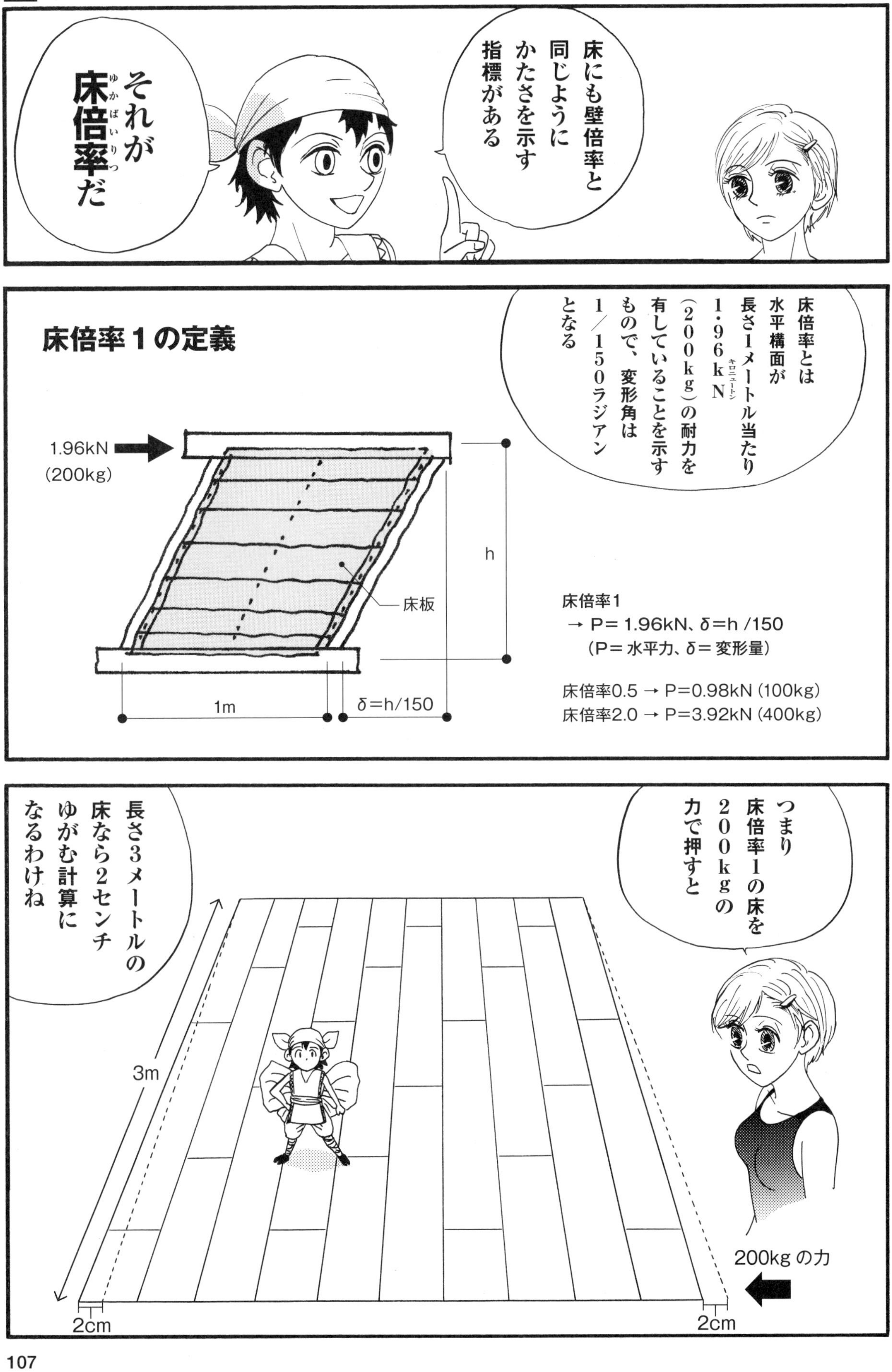
床にも壁倍率と同じようにかたさを示す指標がある
それが床倍率《ゆかばいりつ》だ
床倍率とは水平構面が長さ1メートル当たり１・９６kN《キロニュートン》（２００kg）の耐力を有していることを示すもので、変形角は１／１５０ラジアンとなる
床倍率１の定義
1.96kN
(200kg)
h
床板
1m
δ=h/150
床倍率1
→ P= 1.96kN、δ=h /150
(P= 水平力、δ= 変形量)
床倍率0.5 → P=0.98kN (100kg)
床倍率2.0 → P=3.92kN (400kg)
つまり床倍率１の床を２００kgの力で押すと
長さ3メートルの床なら2センチゆがむ計算になるわけね
3m
200kg の力
2cm
2cm

床倍率一覧

床板	根太床				根太レス床	
	根太の間隔	落とし込み	半欠き	転ばし	川の字釘打ち	四周釘打ち
構造用合版 構造用パネル （1～2級）	@340以下	2.00	1.60	1.00	1.80	4.00
	@500以下	1.40	1.12	0.70		
製材板	@340以下	0.39	0.36	0.30	—	—
	@500以下	0.26	0.24	0.20		

野地板	垂木の間隔	転び止め	屋根勾配	
			30°以下	45°以下
構造用合版 構造用パネル （1～3級）	@500以下	なし	0.70	0.50
		あり	1.00	0.70
製材板	@500以下	なし	0.20	0.10

火打ち	負担面積	取り付く梁のせい（梁幅は105㎜以上）		
		240以上	150以上	105以上
鋼製	2.5㎡以下	0.80	0.60	0.50
	3.75㎡以下	0.48	0.36	0.30
	5.0㎡以下	0.24	0.18	0.15
木材（90×90以上）	2.5㎡以下	0.80	0.60	0.50
	3.75㎡以下	0.48	0.36	0.30
	5.0㎡以下	0.24	0.18	0.15

注　上表の床倍率は『木造軸組工法住宅の許容応力度設計（2017年版）』（（公財）日本住宅・木材技術センター）に示された許容せん断耐力を1.96kN/㎡で除して求めた数値である

・根太レス床の板厚は24～30㎜以上、N75-@150以下の釘留めとする
・構造用合板およびパネルの板厚は床板に用いる場合は12～15㎜、野地板に用いる場合は9～15㎜でN50-@150以下の釘留めとする
・製材板の厚さは、床材に用いる場合は12～15㎜、野地板に用いる場合は9～15㎜、幅180㎜以上の板材で、N50-@150以下の釘留めとする
・木製火打ちは90×90㎜以上で隅長750㎜以上とする

火打ちの負担面積

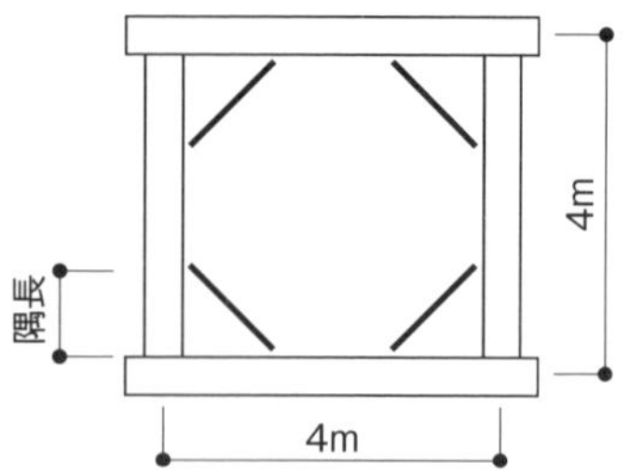

４m四方の床面内に
火打ちが４本あるとすると、
１本当たりの負担面積は
４×４m／４本＝４㎡となる

建築基準法では木造の建物を設計する際、耐力壁の計算は求めていますが水平構面（床倍率）の検討までは求めていません。しかし、より高度な「許容応力度計算」を行う場合や住宅性能表示制度の耐震等級２以上を確保する場合には、床の剛性についても計算を行う必要があります。普段の設計から床面の剛性には気を配っておきたいものです

よしっと
ゾーニングで 耐力壁を バランスよく 配置し直して… 床のつくり方も 変えてっと…
㈲山盛木材店
ここの 屋根裏にロフトは つくれませんか？
大丈夫…だと 思います
できれば ロフトにも 陽の光を入れて 明るくしたいん ですけど…
明るく ですか…
何とか 考えてみます
楽しみに しています！ 木家さん
計
大杉

あれっ？前の模型から屋根の形変わったな
そうなのロフトの明かり採りを考えて切妻《きりづま》から片流《かたなが》れに変えてみたの
グラッ
うわっ
壊さないでよ
危ねえなぁ もしかして小屋裏には耐力壁が一枚も入ってないんじゃないか？
え…何？
せっかく2階に耐力壁を設けても小屋裏がスカスカじゃ意味がないぞ
だってそこ明るいロフトだもん
勾配《こうばい》はついているが屋根だって床と同じ立派な水平構面だ
当然水平力がかかってくる
だから、屋根の下にも耐力壁を入れておかないと屋根にかかった水平力が下の階まで伝わらないぞ

2階の耐力壁は
屋根の揺れを
防ぐために入れて
あるんだ
それが効果を
発揮するためには
小屋組の中にも
耐力壁を入れて、
水平力が…
屋根面
← 小屋耐力壁
← 2階耐力壁
と流れるように
してあることが
大前提だ
小屋耐力壁
2階耐力壁
構造的にみれば
小屋組は
2階の一部なのね

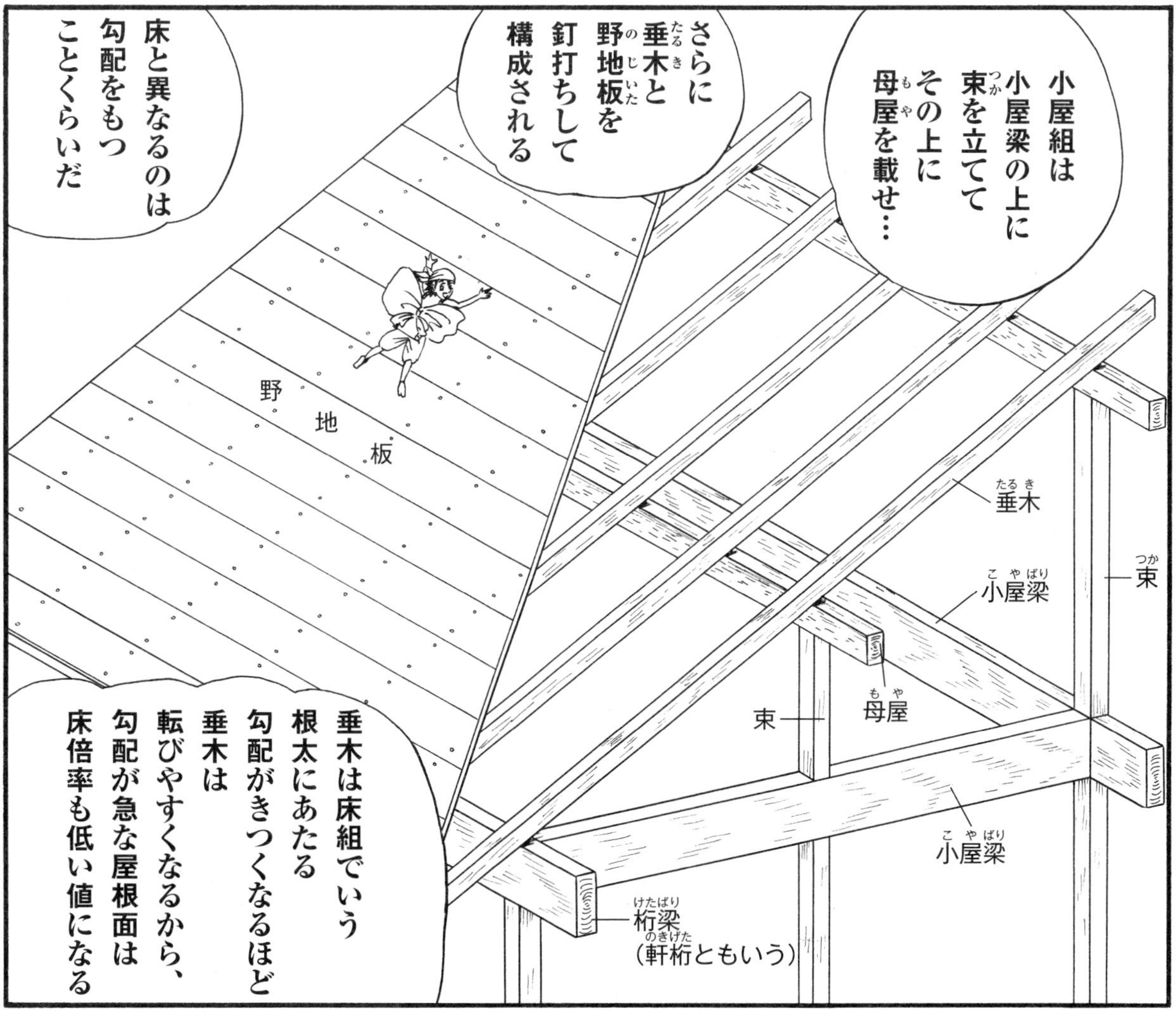
小屋組は
小屋梁の上に
束《つか》を立てて
その上に
母屋《もや》を載せ…
さらに
垂木《たるき》と
野地板《のじいた》を
釘打ちして
構成される
床と異なるのは
勾配をもつ
ことくらいだ
野地板
垂木《たるき》
束《つか》
小屋梁《こやばり》
母屋《もや》
束
小屋梁《こやばり》
桁梁《けたばり》
（軒桁《のきげた》ともいう）
垂木は床組でいう
根太にあたる
勾配がきつくなるほど
垂木は
転びやすくなるから、
勾配が急な屋根面は
床倍率も低い値になる

でも、困ったわ
小屋裏の壁には
いっぱい窓を
つけたいのよね
そうなると
ほかにも
注意点が
増えるな
吹抜けのある面は
床がないから
風をモロに受けると
梁が大きく変形する
危険がある
ロフト
梁
風
この風圧は
柱通しの架構の
場合は
柱で支え…
梁通し
柱通し
梁
柱
組子の設計のように
梁通しの架構の
場合は梁で
支えることになる
梁通しの場合
梁は風圧を
梁せいではなく
梁幅で支える
ことになるから
風
幅
設計の際は
梁幅の寸法も
十分に検討しなくては
ならない
ギギ…
もちろん
ここに弱点となる
継手《つぎて》は設けられ
ないぞ
悩むわね

できたっ！
吹抜けのところは柱を通すことにして
ガラス面には鉄筋ブレースを入れて屋根面と2階の耐力壁の連続性を確保する、これでいこう！
うん
少しはできるようになったな
あと妻面《つまめん》を全部ガラスにするのはあきらめろよ
どうして？垂木が斜めに架かっているから筋かいの代わりになって十分耐力があるかと思ったんだけど…
たしかに、垂木・小屋梁・小屋束の3つで三角形になっているから、トラスになって強度がありそうに見える
垂木
小屋束
小屋梁
だけど、釘やかすがい留め程度ではトラス効果は期待できないな
筋かいの代わりにはなっていないんだ残念だけど、垂木と小屋梁の間には耐力壁を設けて…
水平力にしっかり抵抗できるようにしてくれ
垂木
耐力壁
小屋梁
しゅん
わかったわ

ロフトの側面ガラスが少なくなっちゃうんだ残念…
しゅん
日差しがさえぎられて結構、結構
それと収納が少なかったのでここに設けておきました
お客様の要望全部に応えられるわけじゃないから難しいな…
あと、明るいのはいいが、やはり夏の直射日光はきびしいですからな軒先《のきさき》は長めにとってもらえませんか
そうですね帰って検討してみます
だとしたら軒の出はこんなもんでいいかしら
カチ
ここは吹上げに気をつけろよ
吹上げ？
軒先ってのは言わば、この
傘みたいなもんだ
クルクル
夏の暑い日差しを防ぐには軒をある程度は出しておきたい
パラソルも大きいほうが日が当たらないもんね
ザザ…
あぢ
それに軒を出しておけば外壁を雨から守ることもできる

軒先の吹上げに対する有効な接合

●軒先の吹上げ

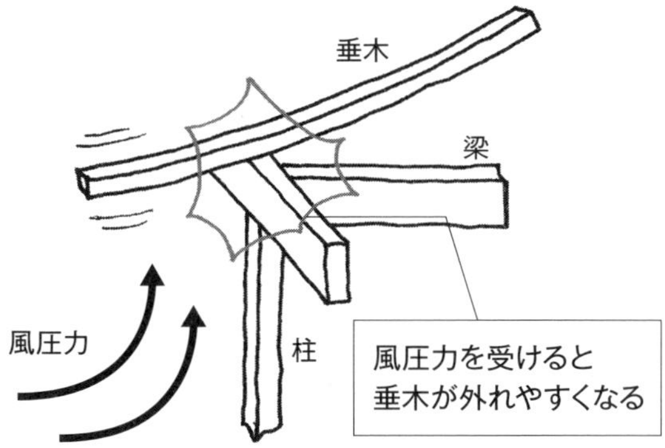

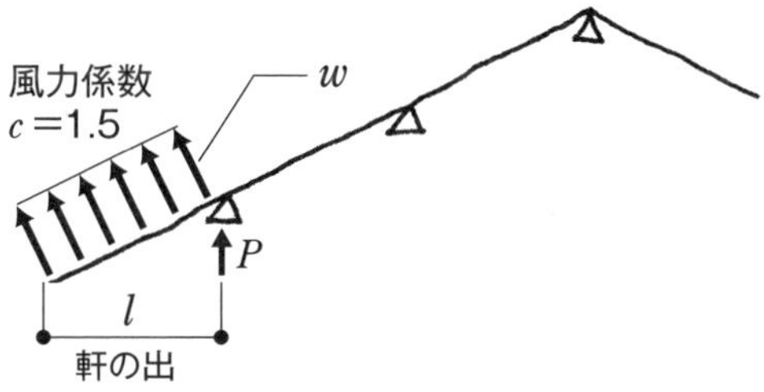

吹上げ荷重

$w = (c \cdot q - w_0) \times B$

c：風力係数
q：速度圧
w_0：屋根の自重
B：垂木の間隔（負担幅）

支点にかかる引抜力

$P = w \cdot l$

w：吹上げ荷重
l：はね出し距離

このデザインだと
やっぱり
金属板葺きのほうが
いいなぁ
そうすると
ここ（大竜）は台風が
よく直撃するから、
垂木をしっかり留めて
おかなくちゃ
いけないって
ことね
垂木留め金物
駆け足で進んだけど
これで木構造の基本は
だいたいわかった
はずだ
うん
それじゃあ
建物全体の
おさらいを
しておこうか

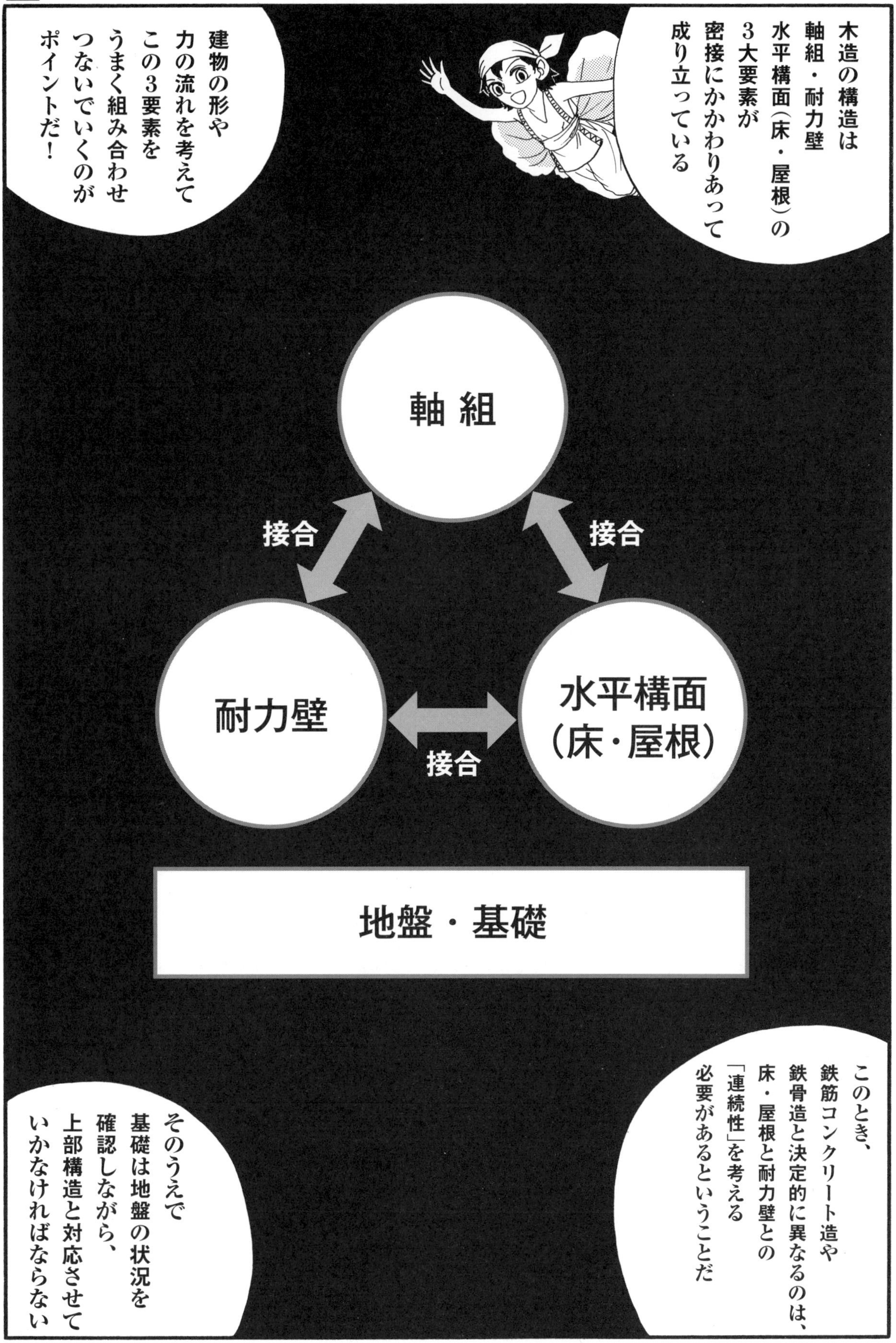
木造の構造は
軸組・耐力壁
水平構面（床・屋根）の
3大要素が
密接にかかわりあって
成り立っている
建物の形や
力の流れを考えて
この3要素を
うまく組み合わせ
つないでいくのが
ポイントだ！
軸組
接合
接合
耐力壁
水平構面（床・屋根）
接合
地盤・基礎
このとき、
鉄筋コンクリート造や
鉄骨造と決定的に異なるのは、
床・屋根と耐力壁との
「連続性」を考える
必要があるということだ
そのうえで
基礎は地盤の状況を
確認しながら、
上部構造と対応させて
いかなければならない

設計
ふーっ あとは基礎を残すのみね
ポリポリ
組子にしてはよく頑張ったな
基礎は簡単だよね 敷地の地盤はよさそうだし
どこなんだ?
ほら、ここよ ずっと更地《さらち》だったらしいの
どれどれ
あっ
こ…これはっ!?

屋根の代表的な形状

屋根の形状は意匠性や
雨仕舞だけでなく、
小屋組の力の流れ方にも
注意して決めましょう

①切妻《きりづま》
妻面の耐風処理に
注意する

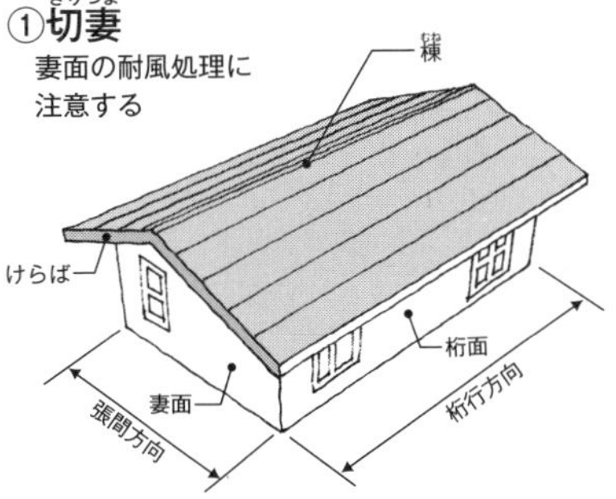
棟《むね》
けらば
桁面
妻面
張間方向
桁行方向

②寄棟《よせむね》
出隅部分の支持方法に
注意する

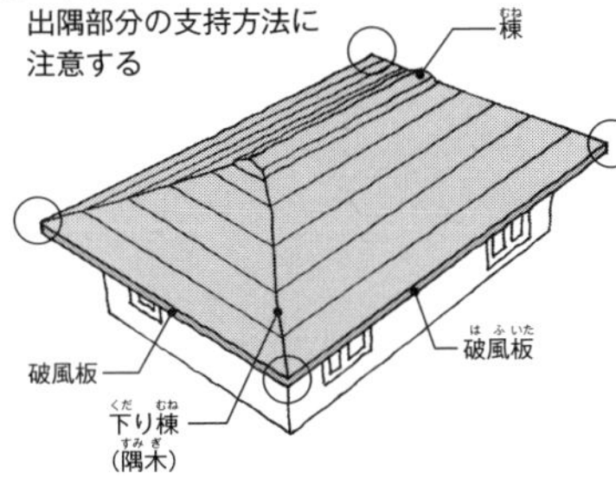
棟《むね》
破風板《はふいた》
破風板
下《くだ》り棟《むね》
(隅木《すみぎ》)

③方形《ほうぎょう》
頂部の納まりに
注意する

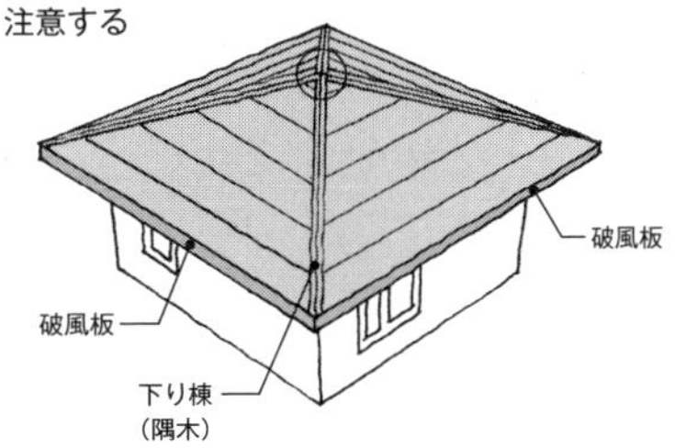
破風板
破風板
下り棟
(隅木)

④片流《かたなが》れ
高いほうの桁面の
耐風処理に注意する

けらば

⑤陸屋根《ろくやね》
水溜りができないように梁のたわみに
注意する(木造ではほとんど用いられない)

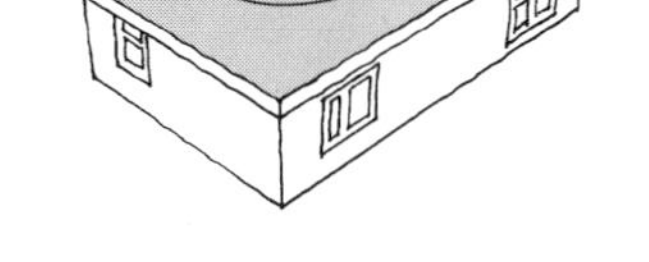

木造住宅の屋根は、気象条件、斜線などの法規的条件、意匠性などさまざまな要素から決められます。なかでも代表的なのは、次の5つの形状です。

①切妻《きりづま》

勾配屋根の最も基本的な形状で、長辺方向を桁《けた》行《ゆき》、短辺方向を張間《はりま》と呼びます。短辺の外壁面を妻《つま》面《めん》といい、構造的には妻面の耐風処理に注意が必要です。

②寄棟《よせむね》

妻側にも勾配が付いている屋根形状をいいます。雨仕舞《あまじまい》は切妻屋根よりもよく、小屋組は和小屋形式でも洋小屋形式でも対応できます。桁行方向も立断面が三角形状になるので、接合部さえしっかりしていれば小屋組の倒れは生じにくくなります。

③方形《ほうぎょう》

平面形状が正方形の寄棟屋根をいいます。中心部に集まる隅木を心柱で支え、頂部に部材が集中するため、接合形状を十分検討しておく必要があります。

④片流《かたなが》れ

勾配を一方向のみにもつ屋根で、ロフトを設ける場合などに採用されます。勾配によっては片側の階高が高くなるため、庇の吹上げや、外壁面の耐風処理に注意が必要です。

⑤陸屋根《ろくやね》

勾配がほとんどない平らな屋根です。屋上を利用できますが、木造では雨仕舞の難しさから、あまり採用されません。

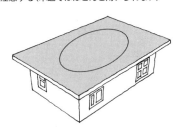

第5話 基礎の設計

答えは地盤だけが知っている

何よ急に？
ここはたしか…
ついて来い組子！
いったいどうしたのよ！

やっぱりだ
コウゾウ
この予定地が
どうかした？
ハア
ハア
すぐに
サウンディング
試験をして
もらえ
どういう
こと？
いいから

大杉設計
先生 山盛《やまもり》邸予定地の地盤調査をしたいので調査会社をご紹介いただきたいのですが…
SWS（スウェーデン式サウンディング試験）なら尾内さんができますよ
えっ チータが？
試験機を工務店で持っているのは稀《まれ》ですが…
彼はよく勉強してるからね
今 一級も勉強中で〝専門〟通ってるし

ズズー
おおっ
こりゃ驚いた
ここいらは昔、田んぼだったげな

どうして
わかった？
どうして？
えーと、
えーと…
ブロロー…
当然よ！
設計者
なんだから
まあ
そうだな…
あれ？
ごまかせた
じゃあ基礎は
そのように
してくれ
わかったわ
どうも
ありがとう
ブーー
そのようにって
どのようにによ

あそこはな
昔、田んぼだった土地に
盛土《もりど》をして造成した
やや軟弱な地盤だ
やや軟弱な
地盤？
ポリ
ポリ
盛土をして
30年未満だと…
盛土
軟
硬
まだ盛土が
沈下中かも
しれない
そういうところに
いま組子が
設計しているような
重量に偏りがある
建物が載ると…
不同沈下を
引き起こす
危険性が
あるんだ
不同沈下

注意したい地盤

切土《きりど》と盛土《もりど》が混在している造成地

予想される現象

・盛土部分の沈下量が大きく不同沈下を生じやすい
・盛土部分と切土部分で地盤の揺れが異なる（盛土部分の揺れのほうが大きい）
・雨水の浸透により、盛土層が滑りやすくなる

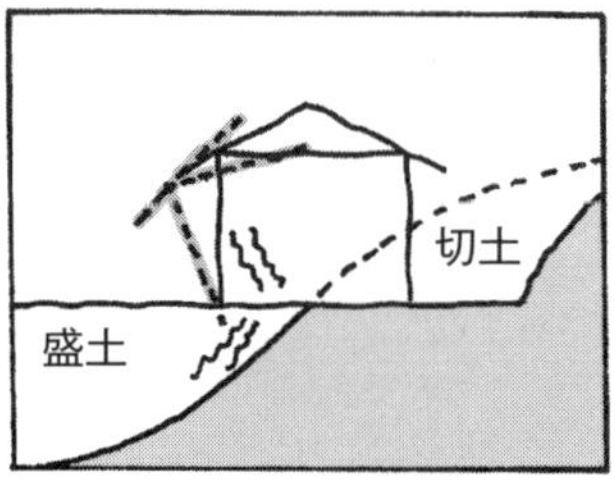

対策

・盛土部分を地盤改良する
・盛土部分に杭を打設する
・基礎、地中梁の剛性を増し、不同沈下を防ぐ

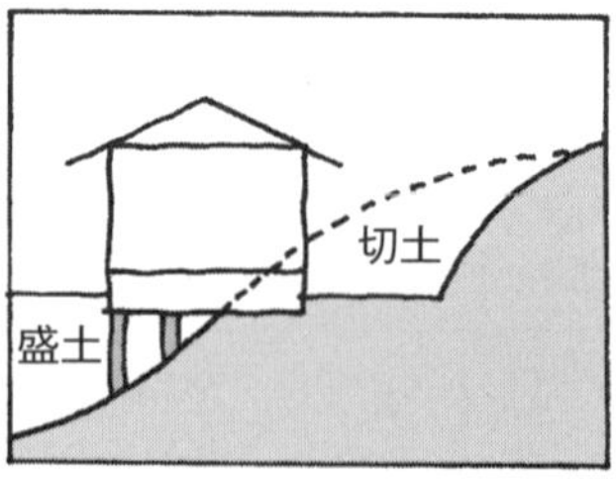

水田や湿地に盛土を行った造成地

予想される現象

・圧密沈下量が大きくなる
・引き込み管を破損するおそれがある
・建物の沈下量に偏りがある場合、不同沈下が起こりやすい

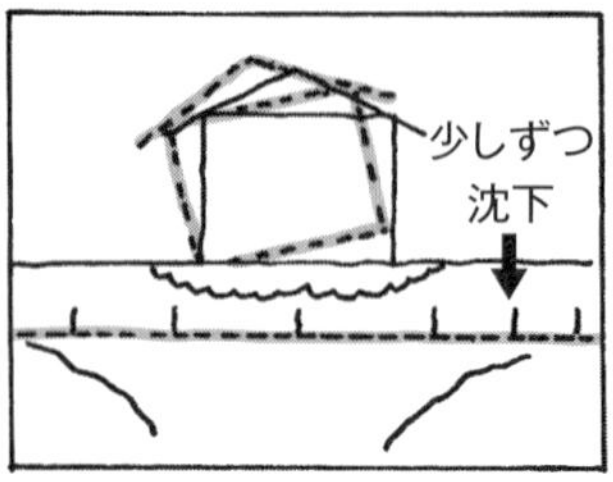

対策

・基礎、地中梁の剛性を増す
・杭または柱状改良により、良好な地盤に支持させる
・軟弱地盤の層厚が薄い場合、表層改良を行う

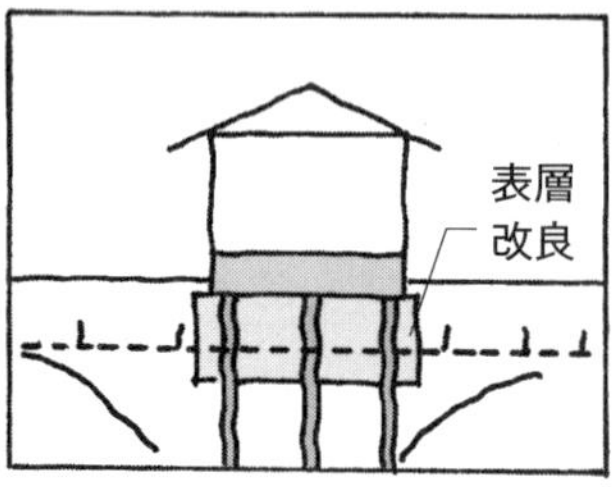

擁壁《ようへき》のある造成地

予想される現象

・地震や雨水により擁壁が水平に移動すると、建物が傾くおそれがある
・地震や雨水により擁壁が崩壊すると、建物に大きな損傷を与える可能性がある

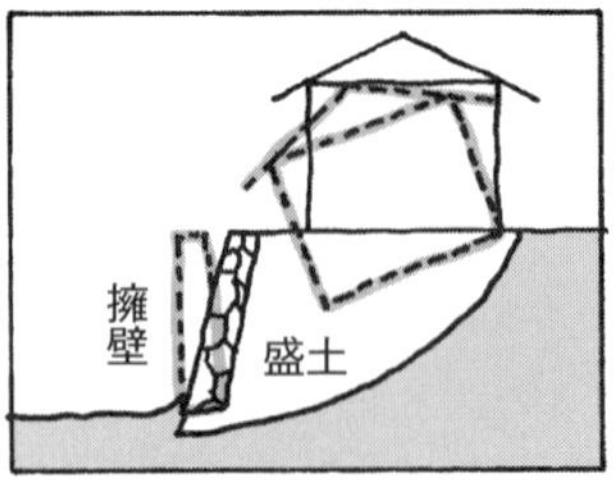

対策

・杭または柱状改良と基礎、地中梁の剛性を増し、不同沈下を防ぐ
・擁壁を補強（アースアンカーなど）または新設する

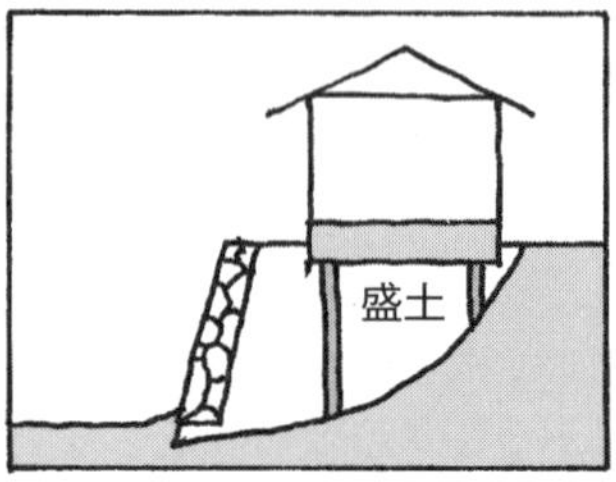

深い沖積層《ちゅうせきそう》の上の地盤

予想される現象

・圧密沈下量が大きくなる
・引き込み管を破損するおそれがある
・地盤の揺れの固有周期が長く、周期が増大してくると共振現象を起こす。建物の損傷も進行する

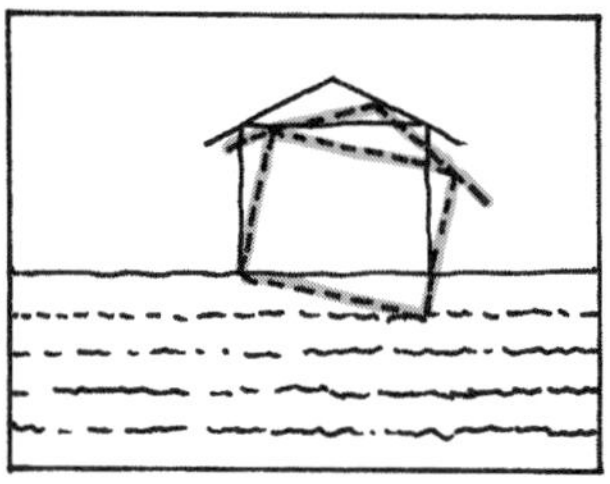

対策

・基礎、地中梁の剛性を増し、不同沈下を防ぐ
・摩擦杭などで支持させる
・壁を増して建物の強度と剛性を増し、固有周期を短くすることと耐力向上によって共振現象に対処する

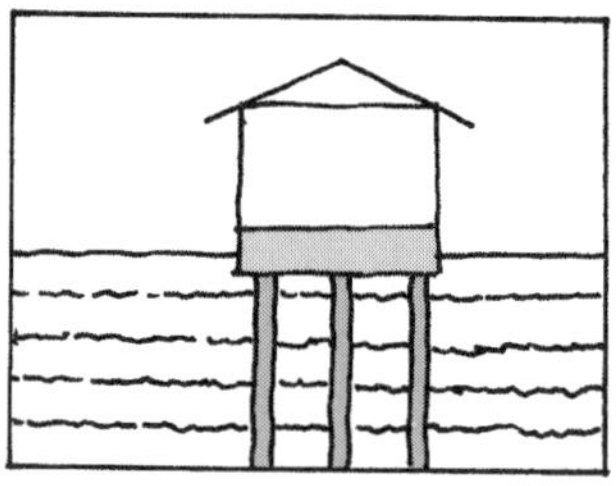

液状化のおそれのある地盤

予想される現象

・地下水位が高く緩い砂質地盤では、地震時に地下の水圧が高くなり、砂の粒子間の結合と摩擦力が低下し、砂層が液状化する。これにより建物の傾斜、転倒または沈下が生じる

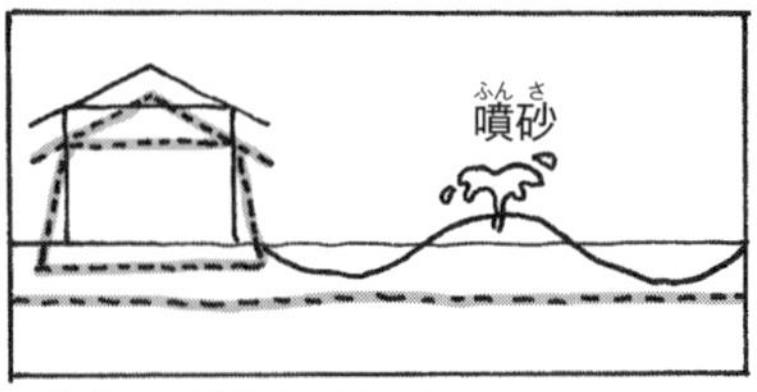

対策

・基礎、地中梁の剛性を増し、不同沈下を防ぐ
・杭基礎の採用や地中梁で囲まれる面積を小さくして、剛性を高めた基礎とする
・表層改良や柱状改良などの地盤改良をする

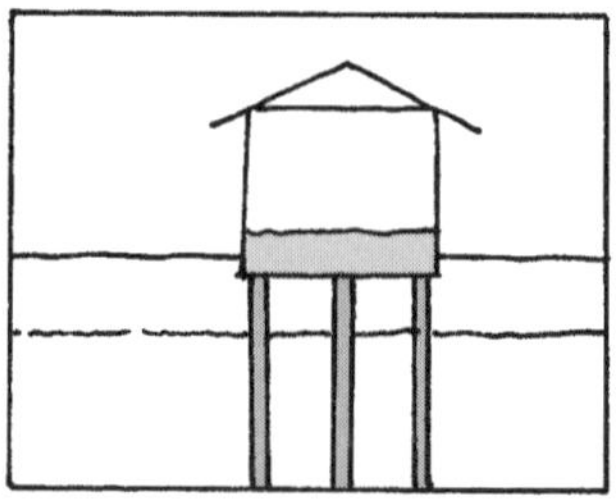

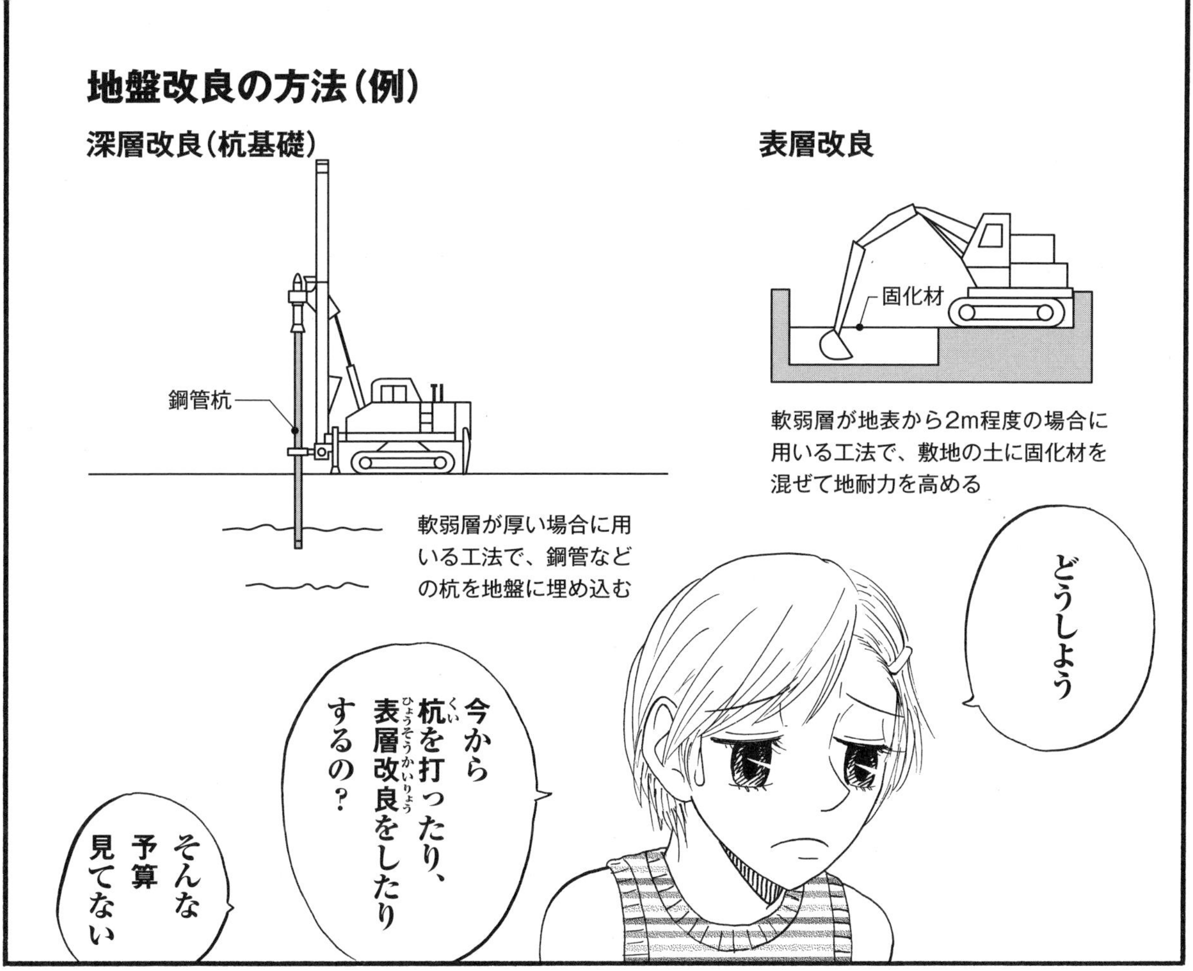
地盤改良の方法（例）
深層改良（杭基礎）
鋼管杭
軟弱層が厚い場合に用いる工法で、鋼管などの杭を地盤に埋め込む
表層改良
固化材
軟弱層が地表から2m程度の場合に用いる工法で、敷地の土に固化材を混ぜて地耐力を高める
どうしよう
今から杭《くい》を打ったり、表層改良《ひょうそうかいりょう》をしたりするの？
そんな予算見てない

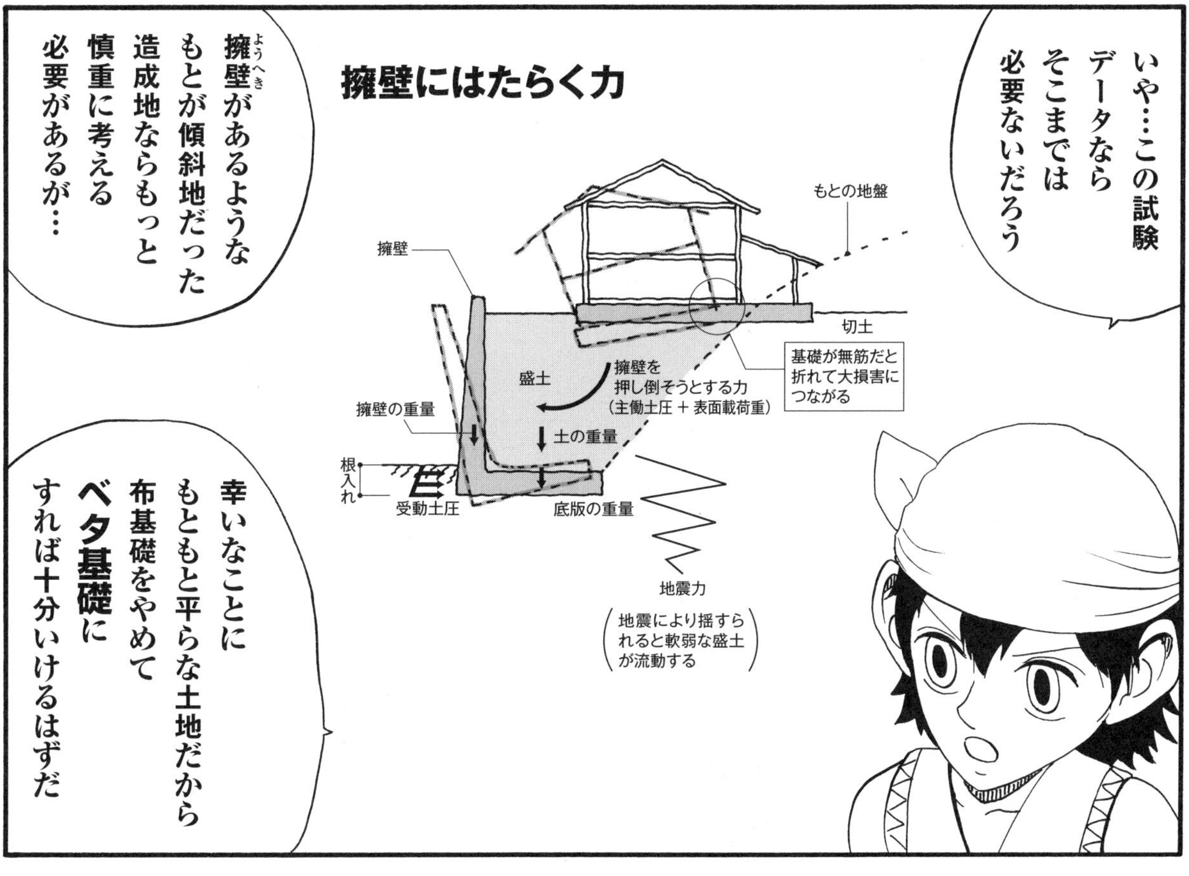
いや…この試験データならそこまでは必要ないだろう
擁壁《ようへき》があるようなもとが傾斜地だった造成地ならもっと慎重に考える必要があるが…
擁壁にはたらく力
もとの地盤
擁壁
切土
基礎が無筋だと折れて大損害につながる
盛土
擁壁を押し倒そうとする力（主働土圧 ＋ 表面載荷重）
擁壁の重量
土の重量
根入れ
受動土圧
底版の重量
地震力
地震により揺すられると軟弱な盛土が流動する
幸いなことにもともと平らな土地だから布基礎をやめてベタ基礎にすれば十分いけるはずだ

ベタ基礎ね
べ…タと
そうだ
地耐力《ちたいりょく》の高い かたい地盤では 布基礎や 独立基礎 でもいいが…
軟弱な地盤では 土に接する面積が 大きい ベタ基礎に したほうがいい
ポリ

布《ぬの》基礎

地中深くからコンクリートを立ち上げるため、基礎梁のせいが高くなり、鉛直方向の剛性が高まる。基礎梁の平面配置がきちんと閉じていれば、水平方向の剛性も高くなる。ただし、床下に土が現れる場合、湿気対策が必要になる

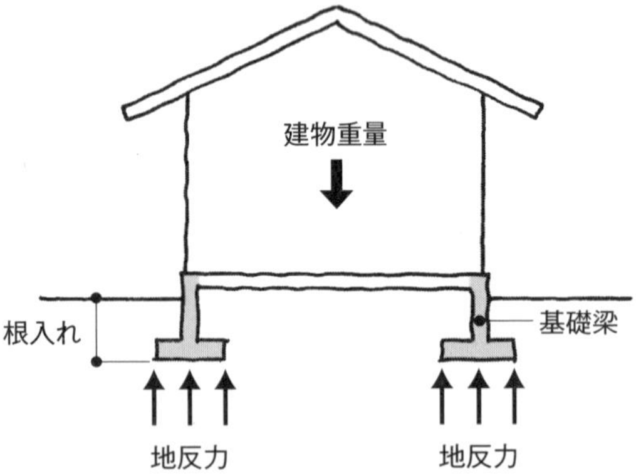
建物重量
根入れ
基礎梁
地反力
地反力

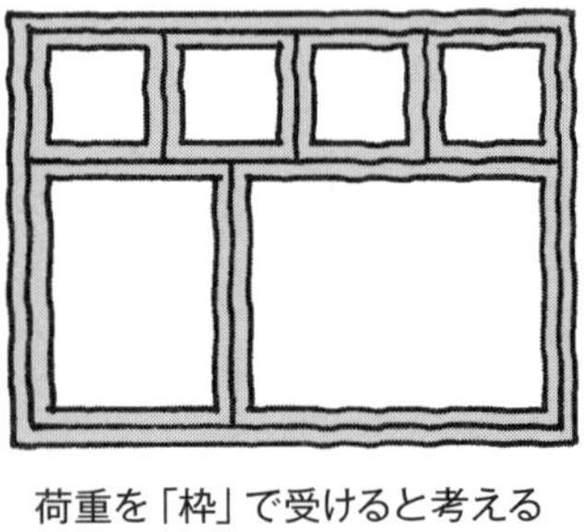

荷重を「枠」で受けると考える

ベタ基礎

床下全面をコンクリートで覆い、基礎全体で地盤に力を伝える。使用するコンクリート量は多いが、土を根切《ねぎ》る量（基礎をつくるために土を掘る量）や、型枠の使用量が少ないため、施工はしやすい

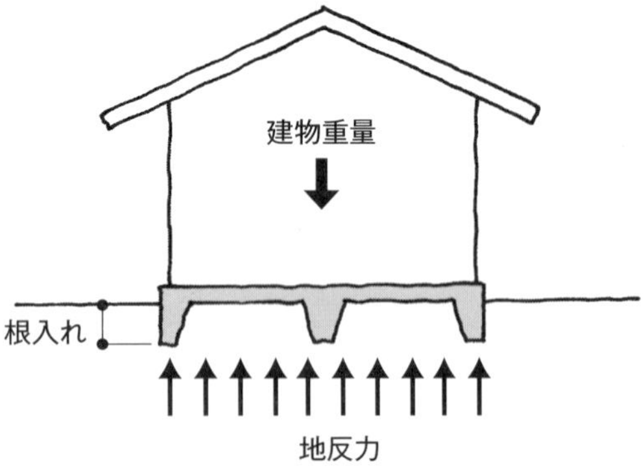
建物重量
根入れ
地反力

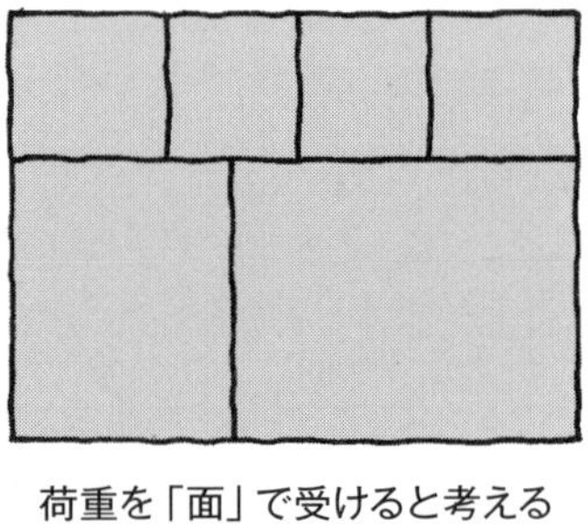

荷重を「面」で受けると考える

地耐力から考える基礎の形式

（平成12年建設省告示1347号）

長期許容支持力（地耐力）	杭基礎	ベタ基礎	布基礎
f ＜ 20kN／㎡	○	×	×
20kN／㎡≦ f ＜ 30kN／㎡	○	○	×
30kN／㎡≦ f	○	○	○

建設省（現・国土交通省）の
告示 1347 号では、
地耐力《ちたいりょく》に応じた基礎形式を
規定しています

基礎には建物にかかる荷重を地盤に伝えるための重要な役割があるんだ

基礎の役割

鉛直荷重に対する抵抗

・建物の荷重を地盤に伝達する
・長期の不同沈下を防止する

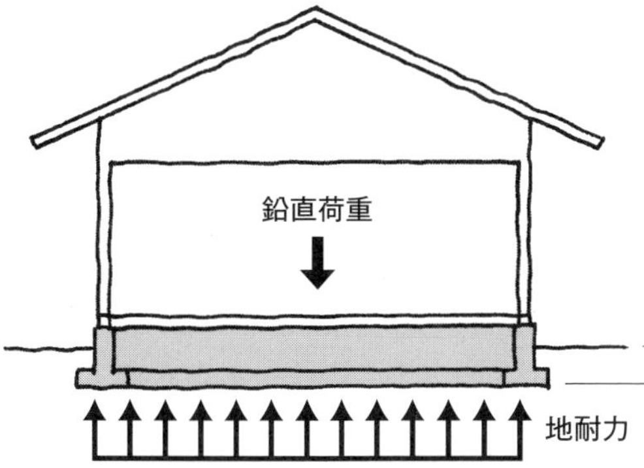
鉛直荷重
根入れ
地耐力

水平荷重に対する抵抗

・アンカーボルトを介して水平力を地盤に伝達する
・不同沈下を防止する

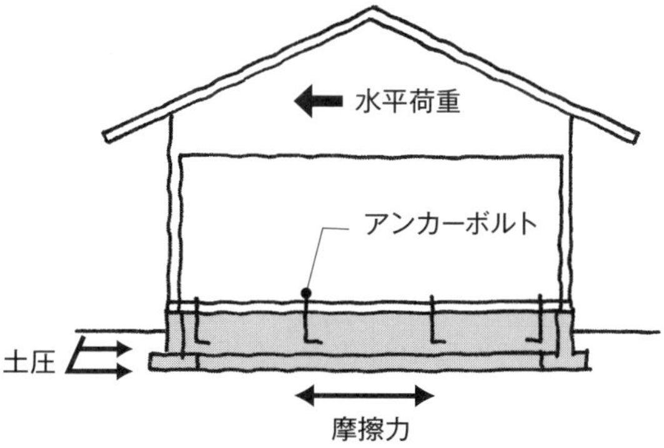
水平荷重
アンカーボルト
土圧
摩擦力

建物の重量に対し、地耐力（地盤の支持力、または耐力）が同等かそれ以上であることが必要条件。
一般に木造住宅の場合は、地耐力が50kN／㎡以上あれば強固な地盤とみなしてよい

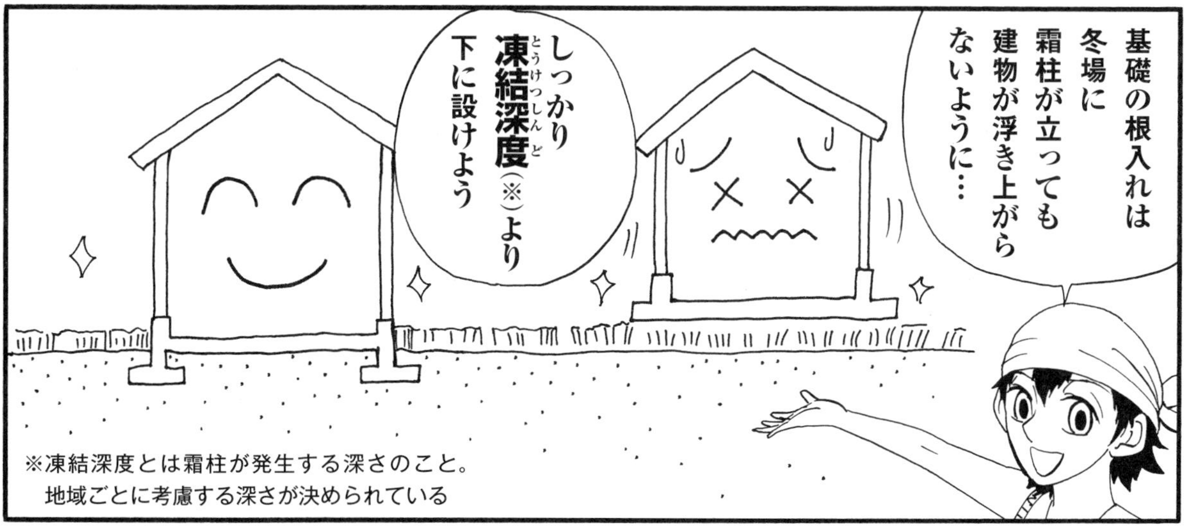
基礎の根入れは冬場に霜柱が立っても建物が浮き上がらないように…
しっかり凍結深度《とうけつしんど》(※)より下に設けよう
※凍結深度とは霜柱が発生する深さのこと。
地域ごとに考慮する深さが決められている

基礎は平面計画と連動させること！

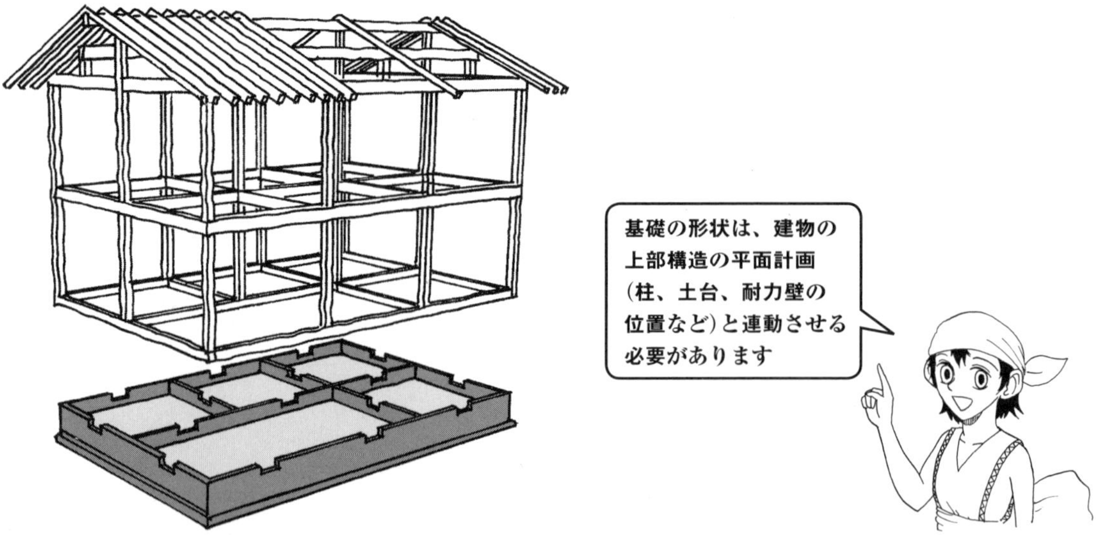

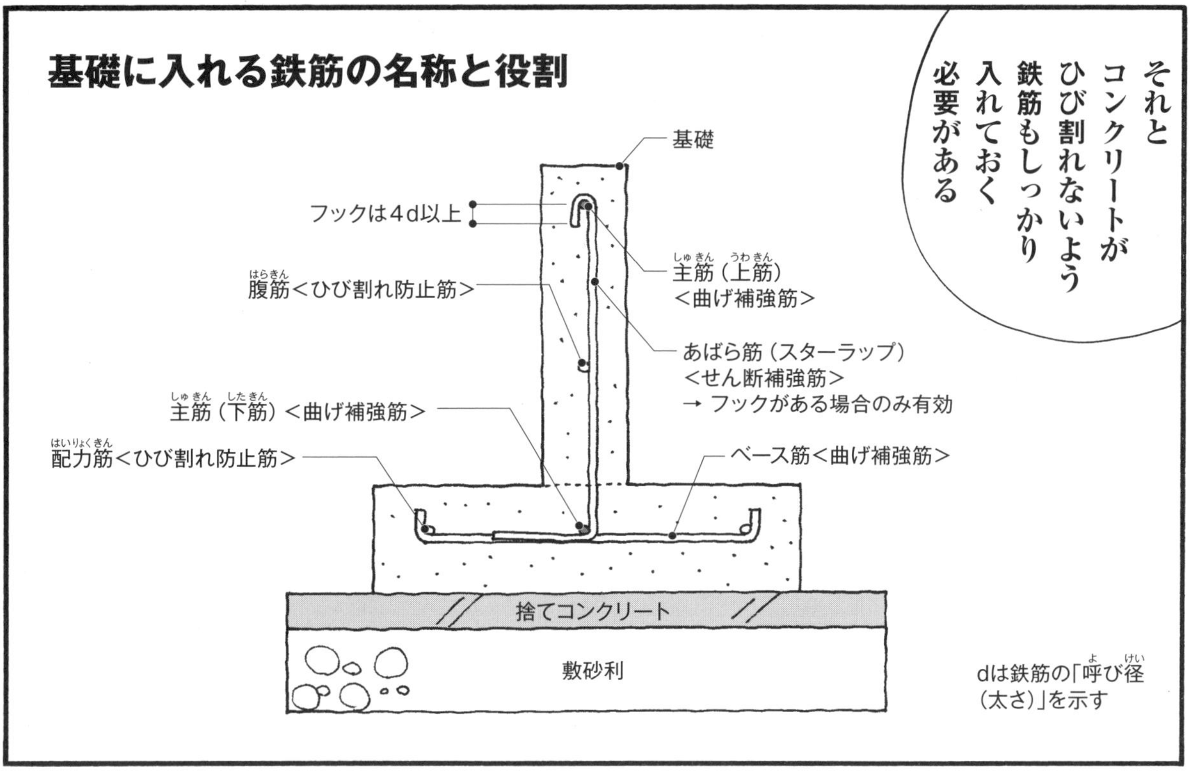
基礎に入れる鉄筋の名称と役割
それと コンクリートが ひび割れないよう 鉄筋もしっかり 入れておく 必要がある
基礎
フックは4d以上
主筋《しゅきん》（上筋《うわきん》）
＜曲げ補強筋＞
腹筋《はらきん》＜ひび割れ防止筋＞
あばら筋（スターラップ）
＜せん断補強筋＞
→ フックがある場合のみ有効
主筋《しゅきん》（下筋《したきん》）＜曲げ補強筋＞
配力筋《はいりょくきん》＜ひび割れ防止筋＞
ベース筋＜曲げ補強筋＞
捨てコンクリート
敷砂利
dは鉄筋の「呼《よ》び径《けい》（太さ）」を示す

できた…
くあ…
花火大会 間に合ったな
うん

ありがとう ここまでできたのは 全部コウゾウの おかげよ
これからも 2人なら どんな家の依頼も 恐いものなしね
組子
残念だけど もう お別れだ
あははは ウケる!
コウゾウ 耐力壁は整っても 試練という壁は 次々と立ちはだかって くるのよ
冗談を 言っている ヒマはないわ
組子に 教えることは もうないよ

ちょっとあんた
いいかげんに
しなさいよ
何なのよ、急に！
あとは
自分で
できるよ
フン、
やっぱりね
なんか
裏があると
思ったのよ
最初からなんか
アヤしいなって
で？
何たくらん
でるわけ
キイ
なんだよ
見返りに
魂でも抜かれると
思ってるのか？
じゃあ、何よっ！
いったい何が目的で
私に近づいたのよ
言ってみなさいよ
キミは…
何者なの？

オイラはね
つまり
孵卵器《ふらんき》だ…
見せて
あげるよ
ゴゴゴゴゴ
ズズズズズ
これは…
明治24年10月28日
濃尾《のうび》地方で起こった
マグニチュード8の
大地震だ
死者7273人
負傷者1万7175人
全壊家屋は
14万2177戸を数えた

わが国では
この濃尾地震を期に
木造の耐震性について
研究が始まり——
関東大震災を踏まえて
耐震設計の
基本的な考え方が
方向づけられた
①中小の地震に対して
建物は損傷しない
②ごく稀に起こる
大地震に対しては
ある程度損傷はあっても
崩壊せず人命と財産は守る

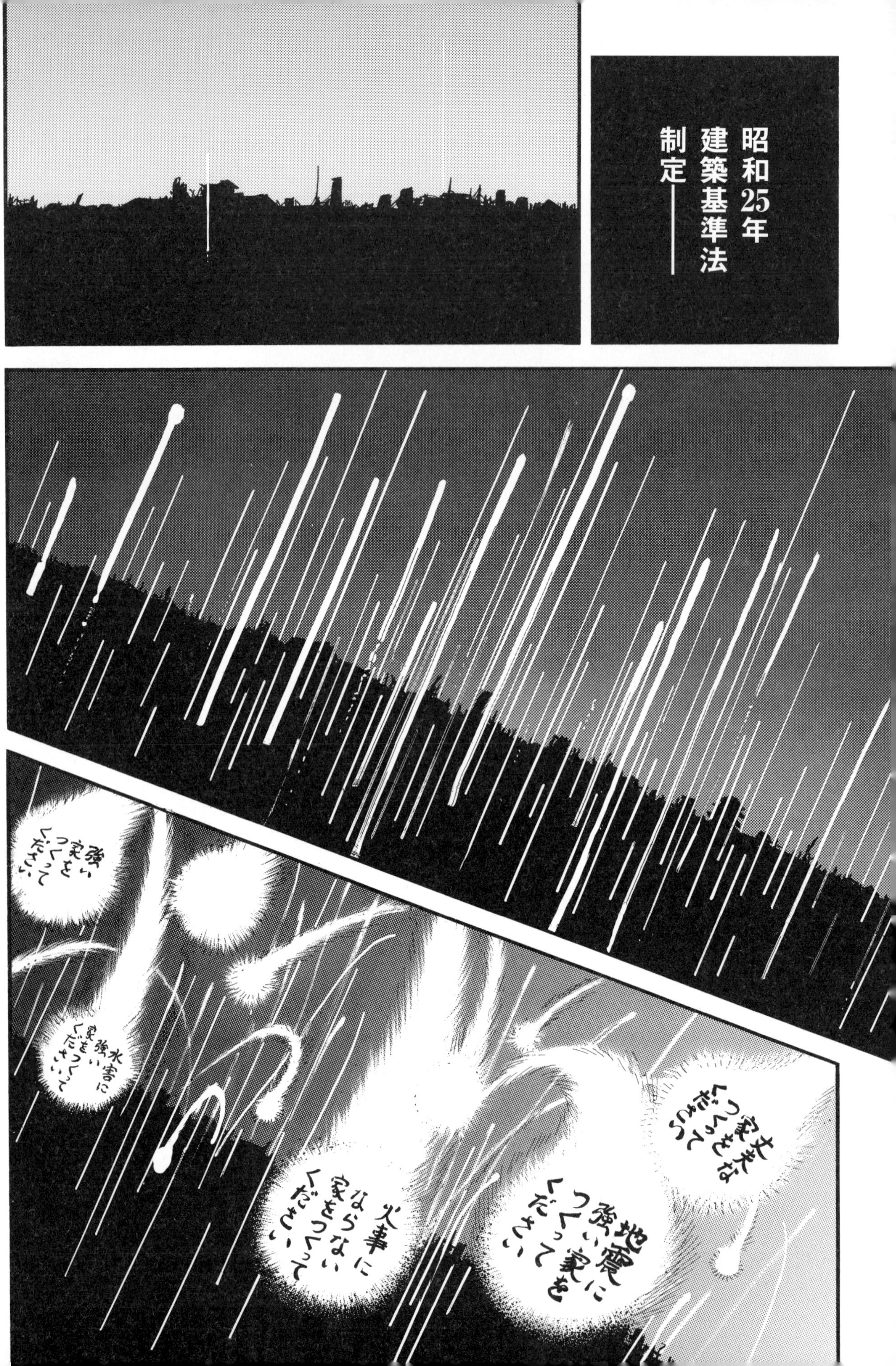
昭和25年
建築基準法制定――
丈夫な家をつくってください
地震に強い家をつくってください
火事にならない家をつくってください
水害に強い家をつくってください
強い家をつくってください

オイラは災害で家を失った人たちの
願いの集合体だ
組子にとって今回の仕事はこれからたくさん経験する設計のうちの1つかもしれない
でも、建て主にとっては一生に一度の大きな買い物だ…毎日を暮らす家は〝命をあずける箱〟と言っても過言じゃない
それを伝えるために
オイラは出てきたんだ

だけど、組子はオイラが思ってたよりもずっとマジメに取り組んでたよ
大杉設
だから、何も言わないつもりだったんだ
コウゾウ
今までありがとう
クイッ
クイッ
クイッ
カチ
データを削除しました
えっ 何やってるの？
クリン
コチッ
一からやり直すの
データを削除しました

なんで！
いい図面
描けてたじゃない
カチ
もったいな
コウゾウに
手伝ってもらった
設計じゃなく、
一から自分でやりたいの
いや…組子の実力
だって…
ほら
バックアップ
とってあるから
パキ
あーっ！
花火大会
間に合わなく
なるよ
カチ
コチ
ギリ
終わらせる！
カチッ
カチコ
カチコ
ムニ
コチカ
ピュ――――…

ドンドン!
パーン
遅いなぁ 組子
携帯も留守電だ
おーい 花火大会始まったぞー
カチコ
一回止めて行ってきたらどうだ
トン
やれやれ 本物のバカだな…
コチ
カチ
コチ

――れで
―浜中―湖上花火大会を
終了いたします
足元が―びやすく―
お気をつけ―
―帰りください
ゾロ
ゾロ
ふう…
ギィ…
終わった
間に合わなかったな…
しかたない
パチン
帰ろ
?
ボワ
シュー…
何かしら
クィ
ガラ
シュー
あ 出てきた
それ！

組子 花火大会 始まるよ
もう！ 何やってんの
ビールも あるぞ
サヨナラ組子
困ったときは いつでもオイラの 名前を呼びな

数カ月後――
うわー すごい！
すごーい!!
木家《きのいえ》さん 本当に ありがとう ございます
いえ

お父さん
ホラ
ご希望どおり
杉がいっぱい
使われてるでしょ
吹抜けも
ほら
おお
すばらしい家に
していただいて
ありがとう
ございます
いえ
どういたしまして
どうぞ
宴席を用意して
おりますので
ハイ
カンパイ
チン
チン
おめでとう
ございます
もう
帰るのか?

大杉先生が残ってるから私は先に…
仕事あるし
そうか
よく頑張ったな
見直したぜ
うん
じゃあまたね
こうして私は木造住宅の設計者としての第一歩を踏み出すことになったのです
カチ
あの妖精はその後、一度も私の前に姿を現すことはありませんでした
ときどき小さく名前を呼んでみたこともあったけれど…もしかしたらあの出来事は私の夢か妄想だったのかもしれません
ヴーヴーーッ
もしもしチータ？久しぶり
どした？
木家…今週末空いてるか？
う…うん空いてるけど何？
会って話したいことがあるんだ…
ドキ
は…はい…

ドキ
ドキ
ドキ
ドキ
居酒屋
杉八
杉八
らっしゃーせっ！
ガヤ
ガヤ
キョロ
♪
♪
いらっしゃいませーっ
おう
こっちこっち
悪いな忙しいのに
ううん
組子
え？
ああ…友《ゆう》…香《か》…
実はなオレたちつき合うことになったんだ
木家には最初に報告しなくちゃと思ってな

ホラ 何度か組子が私と尾内くんを引き合わせてくれてたでしょ？
友香！友香が連絡ちょうだいって
あ そうだ
友香 友香が話があるって
それで会ってるうちにね…
せっかくの組子のおぜん立てにも応えなきゃ悪いし
はい？
バン
コウゾウ——ッ
組子！
どうした急に！
コウゾウの仲間に
恋愛指南の妖精はいないの？
ぐるしー
おわり

スウェーデン式サウンディング試験

スウェーデン式サウンディング試験の装置

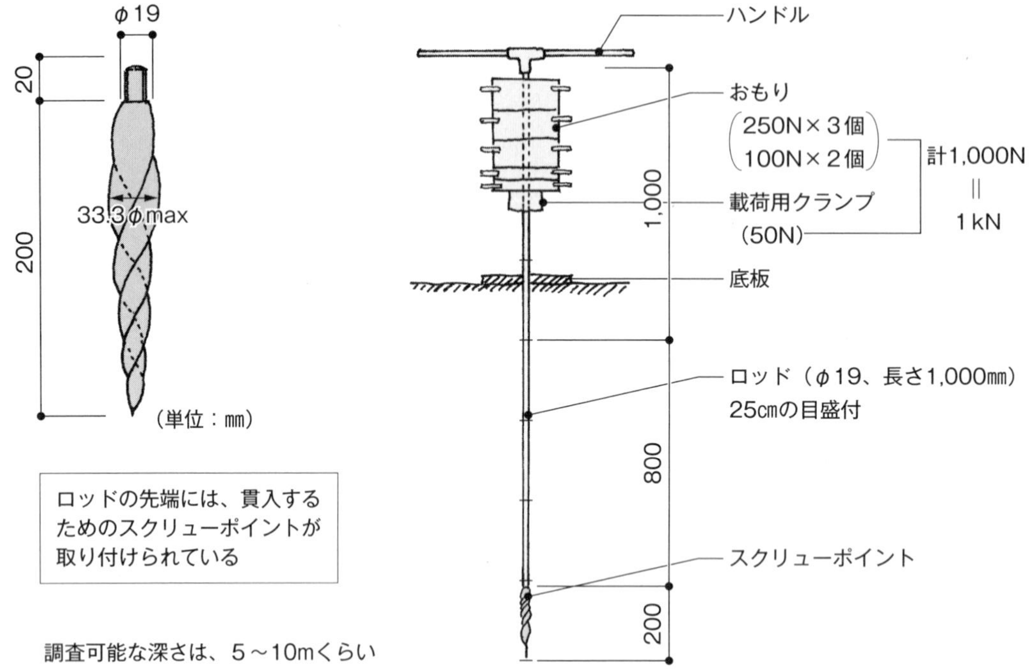

φ19
20
200
33.3φmax
（単位：㎜）
ロッドの先端には、貫入するためのスクリューポイントが取り付けられている
調査可能な深さは、5～10mくらい
ハンドル
おもり
（250N×3個
100N×2個）
計1,000N
=
1kN
載荷用クランプ
（50N）
1,000
底板
ロッド（φ19、長さ1,000㎜）
25㎝の目盛付
800
スクリューポイント
200

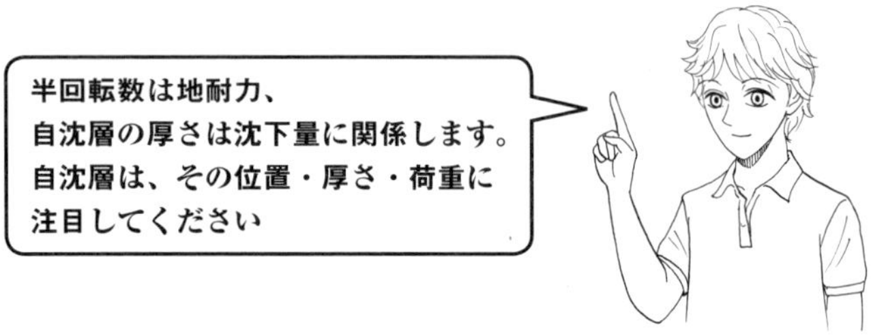

半回転数は地耐力、
自沈層の厚さは沈下量に関係します。
自沈層は、その位置・厚さ・荷重に
注目してください

調査方法

スウェーデン式サウンディング試験（SWS試験）は、1kNのおもりを載せた試験機のロッドを回転させることで、地盤の締まり具合を測定するものです。ロッドには25㎝ごとに目盛が付いており、調査はその目盛が地中に1目盛分貫入するのに要した半回転数を測定します（半回転とはロッドのハンドルを180°回すこと）。

おもりは250Nが3枚、100Nが2枚、おもりを載せる台（載荷クランプ）が50Nで合計1kNとなります。すべてのおもりを載せても沈下しなければ回転を与えて測定しますが、おもりを載せただけで沈下した場合（自沈という）は、そのまま沈下が止まるまで様子を見ます。

練習すれば素人でもできる簡便な試験ですが、簡易なだけに土質構成や地下水位といったさらに細かなデータになると、残念ながらSWS試験ではわかりません。ただし、地盤の支持力を算定する目的で、ロッドの先端に付着した土や、回転時に手に伝わる感触で、土質が粘性土か砂質土かを判定するのは可能です。

地盤による基礎形式の選択

木造住宅の基礎形式決定までのフローチャート

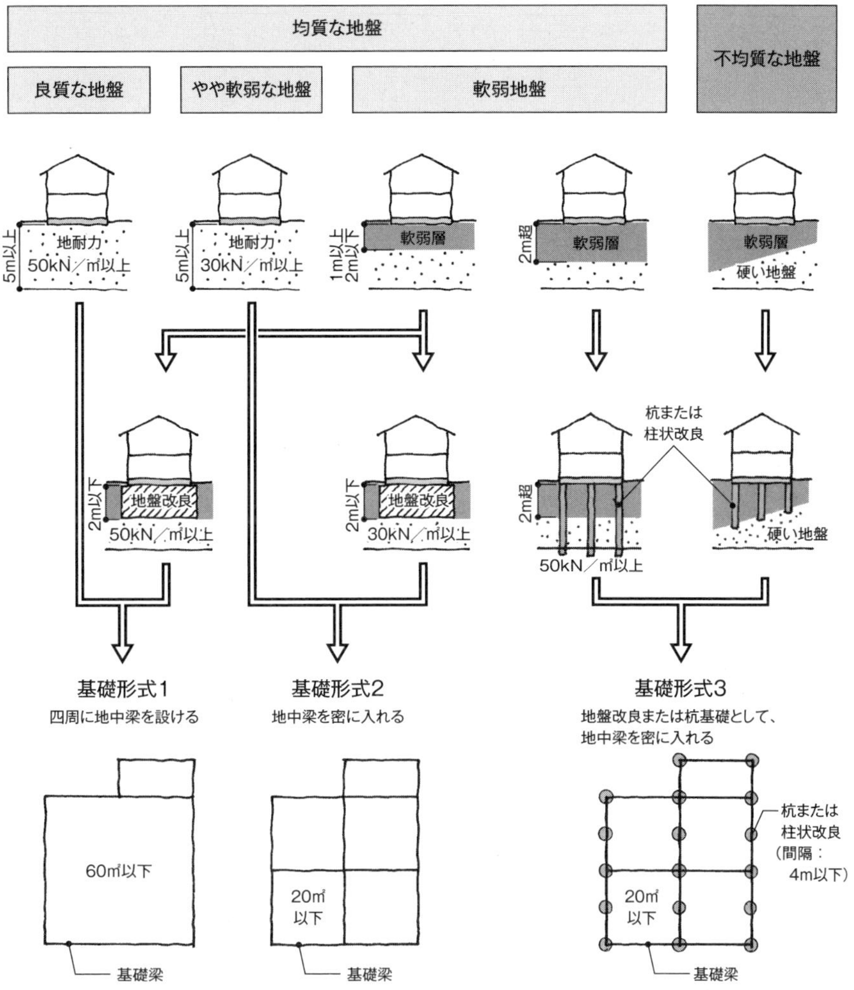

注　このフローは一例にすぎないので、実際の設計においては地盤性状と建物形状・用途・コストなどを総合的に判断する必要がある

基礎形式決定までのプロセス

上図のフローチャートは、SWS 試験の結果から得られた地層構成と、表層改良の有無により基礎形式を決定するまでの一例です。

まず、地層構成が平面的に均質であるか否かを判断します。均質な地盤だった場合は、地耐力や軟弱層の厚さを考慮して基礎形式を決定します。たとえば、地耐力が 50kN 以上の良質地盤が５ｍ以上続く場合、その地盤は木造住宅程度の荷重に対して十分な耐力を有していると判断できます。沈下のおそれはほとんどないため、外周部のみに基礎梁を設けたベタ基礎としてもかまいません（形式 1）。

地耐力が 30kN ／㎡程度の場合は、支持力は十分ですが、やや軟弱な地盤で沈下の可能性があります。この場合は、基礎梁を格子状に設けて基礎の剛性を高めます（形式 2）。仮に沈下したとしても、不同沈下ではなく等沈下となるようにするためです。

不均質な地盤や軟弱層が厚い場合は、基礎梁を格子状に設けた杭基礎とします（形式 3）。

監修　山辺豊彦　yamabe toyohiko

1946年石川県生まれ。法政大学工学部建設工学科卒業。青木繁研究室を経て、'78年山辺構造設計事務所を設立。在来軸組構法住宅の設計手法について独自の実大実験などをもとに研究を進め、その方法論を分かりやすく解説する木構造指導の第一人者。'98年より全国の大工、設計者を中心とした勉強会「大工塾」を主宰。設計者、施工者らに木構造の正しい知識を広めようと精力的に活動している。2018年現在は、（一社）日本建築構造技術者協会関東甲信越支部東京サテライト顧問。（一社）住宅医協会代表理事。主な著書に、「ヤマベの木構造」、「世界で一番やさしい木構造」（共にエクスナレッジ）など

漫画　しょうっちくん　shoucchikun

東京都生まれ。主な著作に、「世界で一番わかりやすい！［マンガ］超ひも理論」、「マンガで学ぶMBA思考トレーニング」（共にPHP研究所）、「マンガでわかる量子の黙示録」（じっぴコンパクト新書）など

ストーリーで
面白いほど頭に入る
木構造［改訂版］

2019年1月28日　初版第1刷発行

監修　山辺豊彦

漫画　しょうっちくん

発行者　澤井聖一

発行所　株式会社エクスナレッジ
〒106-0032 東京都港区六本木7-2-26
http://www.xknowledge.co.jp/

問合せ先　編集　Tel 03-3403-1381／Fax 03-3403-1345
info@xknowledge.co.jp
販売　Tel 03-3403-1321／Fax 03-3403-1829